Karl-Werner Hansmann · Management des Wandels

Karl-Werner Hansmann (Hrsg.)

Management des Wandels

Schriften zur Unternehmensführung
Band 60

GABLER

Titel: Management des Wandels

Herausgeber: Prof. Dr. Karl-Werner Hansmann ist Professor für Wirtschaftswissenschaften an der Universität Hamburg, insbesondere für Produktionsplanung und -steuerung, sowie für Prognoseverfahren.

Bezugsbedingungen: Abonnenten der Schriften zur Unternehmensführung (SzU) erhalten auf die Bände der Reihe 10% Rabatt.

Schriftenreihe: ISSN 0582-0545

Bestellnummer dieses Bandes: ISBN-13: 978-3-322-84649-5

Zitierweise: SzU, Band 60, Wiesbaden

Der Gabler Verlag ist ein Unternehmen der Bertelsmann Fachinformation.

© Betriebswirtschaftlicher Verlag Dr. Th. Gabler GmbH, Wiesbaden 1997
Softcover reprint of the hardcover 1st edition 1997

Lektorat: Ralf Wettlaufer

Das Werk einschließlich aller seiner Teile ist urheberrechtlich geschützt. Jede Verwertung außerhalb der engen Grenzen des Urheberrechtsgesetzes ist ohne Zustimmung des Verlages unzulässig und strafbar. Das gilt insbesondere für Vervielfältigungen, Übersetzungen, Mikroverfilmungen und die Einspeicherung und Verarbeitung in elektronischen Systemen.

Höchste inhaltliche und technische Qualität unserer Produkte ist unser Ziel. Bei der Produktion und Auslieferung unserer Bücher wollen wir die Umwelt schonen: Dieses Buch ist auf säurefreiem und chlorfrei gebleichtem Papier gedruckt.

Die Wiedergabe von Gebrauchsnamen, Handelsnamen, Warenbezeichnungen usw. in diesem Werk berechtigt auch ohne besondere Kennzeichnung nicht zu der Annahme, daß solche Namen im Sinne der Warenzeichen- und Markenschutz-Gesetzgebung als frei zu betrachten wären und daher von jedermann benutzt werden dürften.

ISBN-13: 978-3-322-84649-5   e-ISBN-13: 978-3-322-84648-8
DOI: 10.1007/ 978-3-322-84648-8

Inhalt

Editorial 1
Von Karl-Werner Hansmann

Strategischer Umbau eines internationalen Unternehmens am Beispiel Philips 5
Von Manfred Schmidt

Reorganisation eines Unternehmens mit weltweit vernetztem
Dienstleistungsprozeß...19
Von Bernd Wrede

Unternehmensführung im Wandel 29
Von Klaus Mentzel

Kulturbewußtes Management - Wandel von Unternehmensstrategie und
Unternehmenskultur 55
Von Kai-Ingo Voigt

Wie sich im Kulturdschungel die Wahrnehmung für das eigene Unternehmen
schärfen läßt - Ein Praxisbericht 79
Von Willi Küpper und Anton Hahne

SzU - Grundsätze und Ziele...101

Herausgeber 102

Autoren 103

Editorial

Ausgangslage

In der Wirtschaftspraxis gibt es - anders als in vielen vereinfachten ökonomischen Modellen - keine stationären Zustände. Nachfrage, Wettbewerb, staatliche Rahmenbedingungen und andere für Unternehmensentscheidungen wichtige Einflußfaktoren unterliegen ständigen Veränderungen und konfrontieren die Unternehmen mit der Notwendigkeit einer permanenten Überprüfung und Anpassung ihrer Strukturen und Prozesse. Der gestiegene Anpassungsbedarf macht auch vor den geschäftspolitischen Grundsatzentscheidungen - der Strategie des Unternehmens - nicht halt. Strategischer Wandel ist längst vom Ausnahme- zum Normalfall geworden und stellt die Führungsebenen vor erhebliche Anforderungen. Mit anderen Worten: Unternehmensführung kann heutzutage nur noch als *Management des Wandels* begriffen werden.

Rückblick

Die Erkenntnis, daß Unternehmen zuweilen drastische Veränderungen des ökonomischen Umfeldes bewältigen müssen, wenn sie ihre Existenz sichern und die Wettbewerbsposition behaupten wollen, ist nicht neu. Schon 1931 gab es in der deutschen Betriebswirtschaftslehre - als Reaktion auf die Weltwirtschaftskrise - eine intensive Diskussion um das "Problem der Betriebselastizität". Im Ergebnis plädierte die Wissenschaft für mehr Wendigkeit, Beweglichkeit, Anpassungsfähigkeit, Reagibilität und "Akkomodationsvermögen" gegenüber wechselnden Umwelteinflüssen - Forderungen, die angesichts der aktuellen Entwicklung erstaunlich modern klingen.

Die Flexibilitätsdiskussion flammte in den siebziger Jahren erneut auf und führte u.a. zu dem von *Jacob* entwickelten Konzept der "Entwicklungsflexibilität". Die "Fähigkeit des Wandels" beschränkte sich hier noch auf den Produktionsapparat und dessen Ausrichtung auf im Zeitablauf wechselnde Produktionsaufgaben. Angesichts der in letzter Zeit dramatisch gestiegenen Umweltdynamik hat es sich jedoch als notwendig erwiesen, nicht nur die Kapazitäten, sondern das *gesamte Unternehmen* flexibel zu gestalten.

Strategischer Wandel und "Turnaround"

Neu ist, daß nun auch die *strategischen Grundlagen* - vor allem die Organisationsstrukturen und das Portfolio der Geschäftsfelder - nahezu ständig an veränderte Bedingungen angepaßt werden müssen. Wird dieser Anpassungsbedarf nicht rechtzeitig erkannt, ist es mit kleineren Kurskorrekturen schließlich nicht mehr getan. In diesem Fall kann nur mit einer gravierenden strategischen Neuorientierung, einer "Turnaround"-Strategie, die Ertragskraft des Unternehmens nachhaltig gestärkt werden.

Um den Unternehmenswandel zu gestalten, reicht ein einzelnes Management-Konzept, das sich nur auf einen bestimmten Aspekt konzentriert, nicht aus. "Management des Wandels" ist angesichts der Vielzahl der sich stellenden Aufgaben nur mit einem *integrierten Gesamtkonzept* zu bewältigen. In der vor kurzem erschienenen 5. Auflage meines Buches "Industrielles Management" habe ich dargestellt, wie die verschiedenen Ansätze, die darauf abzielen, ein Unternehmen strategisch und organisatorisch neu zu strukturieren, zu einem solchen Gesamtkonzept zusammengefaßt werden können. Die in dem vorliegenden Band veröffentlichten Beiträge konkretisieren z.T. diese Überlegungen, gehen in einigen Punkten aber auch darüber hinaus, so z.B. bei der Berücksichtigung der *Unternehmenskultur*.

Die Erfahrung zeigt nämlich, daß ein strategischer Wandel nur dann wirklich erfolgreich ist, wenn sich auch die Unternehmenskultur, also die Gesamtheit der unternehmensspezifischen *Werte und Normen*, die das "alltägliche" Verhalten der Mitarbeiter bestimmen, entsprechend verändert. Beide Aspekte - strategischer Wandel und die Veränderung der Unternehmenskultur - sind Gegenstand des vorliegenden Bandes der SzU und werden hier aus theoretischer und aus praktischer Sicht beleuchtet.

Zielsetzung und Struktur des vorliegenden Bandes

In dem Beitrag von *Manfred Schmidt* wird gezeigt, wie der Philips-Konzern den "Turnaround" geschafft hat. Bereits an diesem Beispiel wird deutlich, daß es sowohl erfolgswirksamer Sofortmaßnahmen als auch längerfristig gültiger Entscheidungen bedarf, um ein Unternehmen wieder "auf Kurs" zu bringen. Dargestellt wird auch, auf welche Art und Weise die Belegschaft des internationalen Konzerns in den Veränderungsprozeß einbezogen werden konnte.

Auch *Bernd Wrede* schildert in seinem Beitrag den Ablauf einer erfolgreichen strategischen Neuorientierung, hier allerdings in einem großen Dienstleistungsunternehmen. Besondere Bedeutung hat hierbei die Änderung der Aufbauorganisation, die notwendig war, um die internationalen Unternehmensaktivitäten besser zu koordinieren. Interessant ist, daß der strategische Wandel auch in diesem Fall nicht ohne eine entsprechende Veränderung der Unternehmenskultur, hier eine stärkere Kundenorientierung der Mitarbeiter, möglich war.

Klaus Mentzel geht das Problem der "Unternehmensführung im Wandel" dagegen konzeptionell an. Auf der Grundlage bekannter, aber bislang kaum miteinander verknüpfter Ansätze wie "Business Reengineering" und "Lean Management" entwickelt er ein ganzheitliches Managementkonzept, das sich im wesentlichen auf drei Elemente stützt: einen Wandel von der Funktions- zur Prozeßorientierung, eine stärkere Humanzentrierung und ein konsequentes Informationsmanagement.

In dem Beitrag von *Kai-Ingo Voigt* wird die Bedeutung der Unternehmenskultur bei der Realisierung strategischer Veränderungen zum Thema gemacht. Gezeigt wird, welche Möglichkeiten dem Management offenstehen, um den für notwendig erachteten Kulturwandel im Unternehmen anzuregen und zu fördern - aber auch, wo die Grenzen eines solchen Vorgehens liegen. Das vom Autor propagierte Konzept des "kulturbewußten Managements" berücksichtigt die schon eingangs erwähnte Tatsache, daß das "Management des Wandels" den Mitarbeiter nicht als Objekt, sondern als *Träger* des Veränderungsprozesses sehen muß.

Willi Küpper und *Anton Hahne* skizzieren in ihrem Praxisbericht, wie die in einem großen Versicherungsunternehmen "verbreitete" Kultur im Rahmen eines Workshops erkannt und wahrgenommen wurde. Die Aufgabe der Kulturanalyse, deren Lösung hier beispielhaft gezeigt wird, steht am Anfang eines jeden unternehmenskulturellen Wandels und legt damit zugleich die Grundlage für eine erfolgreiche strategische Neuorientierung.

"Management des Wandels" in Theorie und Praxis

Insgesamt bietet der vorliegende Band ein breitgefächertes Spektrum von Konzepten und Ansatzpunkten, die für ein "Management des Wandels" von Bedeutung sind. Theoretische Überlegungen werden durch zahlreiche praktische Beispiele und Erfahrungsberichte ergänzt, die auch dazu ermuntern sollen, die Umweltdynamik nicht nur als "notwendiges Übel" anzusehen, sondern als Chance und Quelle für den künftigen Unternehmenserfolg.

KARL-WERNER HANSMANN

Strategischer Umbau eines internationalen Unternehmens am Beispiel Philips

Von Dr. Manfred Schmidt, Hamburg

Inhaltsübersicht

1. Einleitung
2. Ist-Analyse
3. Operation Centurion
4. Das Drei-Phasen-Konzept von Centurion
   4.1 Phase eins: Problemgebiete adressieren
      4.1.1 Personal
      4.1.2 Kapitaleinsatz
      4.1.3 Portfolio-Management
   4.2 Phase zwei: Revitalisierung
      4.2.1 Übergang zu globalen Strukturen
         4.2.1.1 Fabriken
         4.2.1.2 Qualität
         4.2.1.3 Tranferpreise
         4.2.1.4 Forschung
         4.2.1.5 Rechenzentren
         4.2.1.6 Logistik
         4.2.1.7 Vertriebsorganisation
         4.2.1.8 Auftritt nach außen: Let's make things better
   4.3 Phase drei: Betreten neuer unternehmerischer Felder
      4.3.1 Innovationen
      4.3.2 Akquisitionen
5. „The Philips Way"
6. Schlußbetrachtung

1. Einleitung

Die Anforderungen der Kunden und die Bedingungen des Wettbewerbs verändern sich ständig. Jeder Konzern, der im Markt bestehen will, versucht, sich so gut wie möglich diesen Veränderungen anzupassen, indem er

- seine Entwicklungsarbeit stets am neuesten Stand ausrichtet;
- alle Möglichkeiten ausschöpft, um Produkte zu verbessern;
- marktorientiert investiert;
- die Produktivität steigert.

Das ist jedoch nur bis zu einem gewissen Grad möglich. Irgendwann kommt der Punkt, an dem man feststellt, daß die bisherigen Anstrengungen nicht mehr ausreichend sind und mit den bestehenden Strukturen die Wettbewerbsfähigkeit nicht mehr sicherzustellen ist. Mit kleineren Kurskorrekturen ist es dann nicht mehr getan. Das Ruder muß herumgerissen, der Konzern völlig umgebaut werden.

So war die Situation bei Philips im Jahr 1990. Trotz laufender Verbesserungen - wie oben beschrieben - stimmten die Zahlen nicht mehr. Der Philips-Konzern hatte über eine Reihe von Jahren mehr Geld ausgegeben als eingenommen, ein gutes Geschäft für die Banken, die die Differenz gerne zusätzlich finanzierten, zumindest eine Zeitlang. Bis dann auf einmal auch die Bankiers unruhig wurden und die Kreditlinien stoppten. Dadurch war Philips quasi über Nacht gezwungen, einen Turnaround herbeizuführen.

2. Ist-Analyse

Was waren die Ursachen?

1. Philips produzierte mit viel zu hohen Personalkosten. Der Konzern war zwar extrem innovativ. So stammen Welterfindungen wie die Compact Disc oder die Audio-Cassette von Philips. Auch viele andere Produkte gehörten technisch zur Spitzenklasse. Nur leider wurde damit kein Geld mehr verdient, weil der Herstellungsaufwand höher war als die Erlöse. Egal, wie man es mißt - in Lohnstunden oder Manntagen: Der Personalaufwand stand nicht mehr in der richtigen Relation zu den Ergebnissen.
2. Philips produzierte mit viel zu hohem Kapitaleinsatz. Das betraf alle relevanten Bereiche: Umlaufvermögen und Lagerbestände, Forderungen und Flächenverbrauch. Tatsache war, daß Philips zu viele Debitoren hatte und zu nachsichtig mit seinen Kunden umgegangen war. Die Zahlungsziele waren zu lang und die Lagerbestände

über alle Stufen zu hoch. Die ganze Logistik entsprach nicht den betriebswirtschaftlichen Erfordernissen. Die Produktion in den Fabriken war nicht auf Auftragseingänge (order intake) ausgerichtet, sondern stützte sich allein auf Vertriebspläne. Statt nur das zu produzieren, was die Kunden wirklich bestellen, wurde entsprechend den Vertriebsplänen auf Vorrat produziert - leider auch der eine oder andere Ladenhüter. Moderne Logistik-Prozesse fehlten. Der Aufwand, um eine gute Liefer-Performance herzustellen, war einfach zu hoch. Hinzu kam die Tatsache, daß wir auch im Flächenverbrauch im Vergleich mit unseren Mitbewerbern viel zu hoch lagen.

Philips war in einigen Aktivitätsfeldern aktiv, in denen kaum jemals die Chance bestand, zu den großen Konkurrenten aufzuschließen. Obwohl der Konzern schon über ein sehr breites Portfolio verfügte, das von Lichtprodukten, Unterhaltungselektronik und Medizintechnik bis zu Haushaltsgeräten und Industrieelektronik reichte, waren erhebliche Anstrengungen unternommen worden, sich auch in anderen Sektoren zu etablieren. Ein Beispiel aus der Mikroelektronik: Philips ist der größte europäische Chiphersteller. Die Produktionspalette reicht von elektronischen Bauelementen wie Bildröhren bis hin zu passiven Bauelementen wie Widerständen und Dioden. Der Konzern ist im Mediabereich mit der Polygram und ihren Musik- und Filmaktivitäten präsent. Aber statt alle Kräfte da zu bündeln, wo man zu den Besten der Welt zählte, versuchte man, mit sehr viel Geld völlig neue Felder zu erschließen, etwa die Herstellung reiner Speicherchips. Ein Fehler, wie wir heute wissen, da man in diesen Markt nur mit erheblichen technischen und finanziellen Aufwand hineinkommt.

Fehlentwicklungen zu analysieren ist das eine - aber wie war nun der Turnaround herbeizuführen? Zeit war kaum vorhanden. Es mußte *schnell reagiert werden*. In einem kleineren, inhabergeführten Betrieb mit flachen Hierarchien und klaren Führungsstrukturen ist das schnell geschehen. Ein Konzern wie Philips hingegen, der 1990 immerhin mehr als 350.000 Menschen weltweit beschäftigte, reagiert auf neue Steuerkommandos zwangsläufig eher schwerfällig, so wie ein Riesentanker. Welche Schritte waren notwendig, um überholte Strukturen und eingefahrene Denkweisen aufzubrechen? Wie konnte man die Mitarbeiter auf die neue Situation einstellen? Vor allem aber: Welche Führungskräfte sollten die zwingend erforderlichen Operationen durchsetzen? Mit Rundschreiben, das ist klar, war da nichts zu machen. Philips entschloß sich zu einem radikalen Umbau des Konzerns: Die Operation Centurion begann.

3. Operation Centurion

Der Ernst der Lage hatte, nach schonungsloser Bestandsaufnahme, zunächst einmal personelle Konsequenzen: Erstmalig in der 100jährigen Geschichte des Unternehmens mußte ein Präsident vorzeitig gehen. Dessen Nachfolger, Jan Timmer, handelte nach völlig neuen, im Philips-Konzern bis dahin ungewohnten Spielregeln.

Im Herbst 1990 trafen sich 100 Spitzenmanager von Philips, um das Unternehmen zu analysieren und die einzelnen Sparten und Bereiche mit den Hauptkonkurrenten zu vergleichen. Die Ergebnisse waren ernüchternd: Philips hatte tatsächlich auf vielen Feldern an Wettbewerbsfähigkeit eingebüßt beziehungsweise war hinter seine Hauptkonkurrenten zurückgefallen. Diese Diskussionsrunden wurden quasi wie in einem Schneeballsystem fortgeführt, bis Tausende von Managern weltweit beteiligt waren (und übrigens heute noch sind), und zwar bis hinunter zu Town-Meetings und Team-Gesprächen. So entstand eine für Philips völlig neuartige, kaskadenartige Kommunikationsstruktur, aus denen sich eine Vielzahl lokaler Verbesserungsprojekte entwickelte.

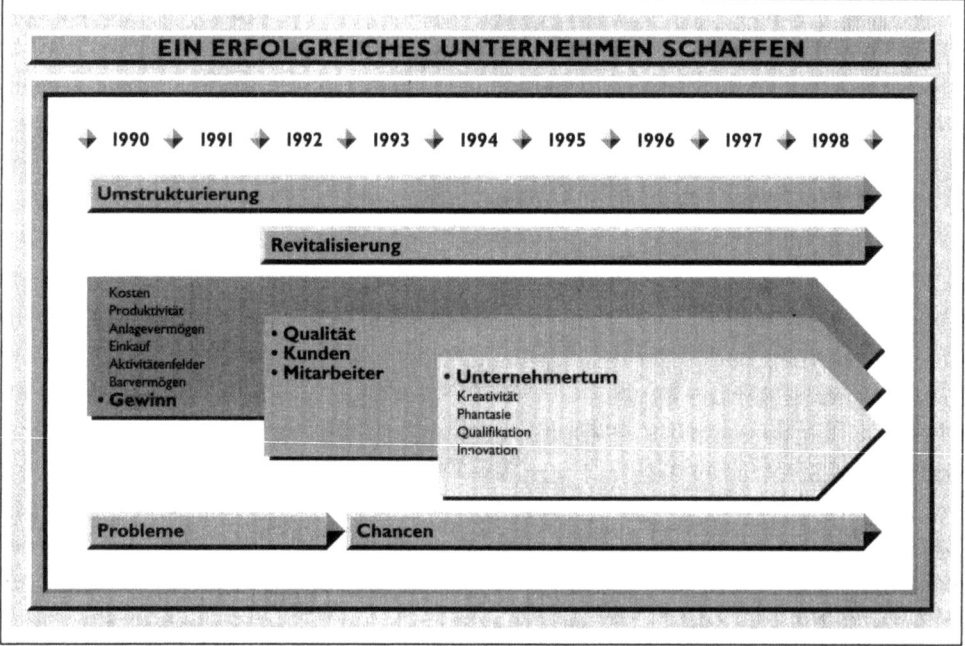

Abb. 1: Phasenkonzept von Centurion

4. Das Drei-Phasen-Konzept von Centurion

4.1 Phase eins: Problemgebiete adressieren

Der Veränderungsprozeß unterteilt sich in drei Abschnitte. Zuerst, in Phase 1, wurden die Problemgebiete adressiert. Dazu wurden Manager unternehmensweit in Task Forces zusammengezogen. Die Aufgabenstellung für diese Gruppen lautete, die Probleme im einzelnen zu identifizieren und Lösungsvorschläge zu entwickeln. Themen der Centurion Task Forces, um nur einige zu nennen, waren: Einkaufs- und Vertriebsmanagement, Lagerbestände und Kundenorientierung, Miniaturisierung und Qualitätsnormen, Rechnungswesen und finanzielle Berichterstattung. Schritt für Schritt wurden so Schwachstellen enthüllt und Lösungsstrategien entwickelt, etwa auch im Bereich des Space-Managements (also des Flächenverbrauchs) und der Portfolio-Entscheidungen. Als erstes stand natürlich die Reduzierung der Kosten im Vordergrund. Hier gab es im Vergleich zu den Wettbewerbern den größten Nachholbedarf. Das betraf vor allem die folgenden Bereiche:

4.1.1 Personal

Die erste Direktive an alle Personalverantwortlichen im Konzern lautete, die Mitarbeiterzahl um mindestens 15 Prozent zu reduzieren - eine Anweisung, die zunächst als hart empfunden wurde. Es blieb aber keine andere Wahl. Im nachhinein ist diese Personalreduktion Präsident Timmer sogar als Verdienst angerechnet worden.

4.1.2 Kapitaleinsatz

Die Lieferfristen wurden um zwei Drittel der Zeit verkürzt, Lagerbestände und Auftragsrückstände massiv abgebaut. Die Lieferzuverlässigkeit verbesserte sich bereits nach einem Jahr um 75 Prozent. Überdies schufen Controller und Vertriebsleute im Rahmen eines zweitägigen Meetings die notwendigen Voraussetzungen, um auf der Debitorenseite erhebliche Verbesserungen zu erzielen. So konnten die mit den Kunden verabredeten Zahlungsfristen reduziert werden. Mit neuen Debitorenkontrollsystemen wurde darüber hinaus der Umfang überfälliger Debitoren abgebaut, mit dem Ergebnis eines deutlichen Rückganges der Kapitalbindung im Umlaufvermögen.

4.1.3 Portfolio-Management

Was helfen alle positiven Effekte auf der Kostenseite, wenn man feststellt, daß man auf einigen Aktivitätsfeldern tätig ist, auf denen man aus eigener Kraft nie zur Spitze vordringen wird? Ein Vergleich: Wer im Tennis zu den "Top Ten" der Weltrangliste zählt, ist fraglos ein ganz Großer. Im globalen Wettbewerb von Wirtschaftsunternehmen herrschen andere Gesetze, insbesondere im Sektor Mikroelektronik. Es gibt keinen Konzern, der sich auf *allen* Feldern der Mikroelektronik ganz vorn positionieren könnte. Wer aber in den spezifischen Segmenten, in denen er tätig ist, nicht zum Spitzentrio gehört, hat fast schon verloren. Philips war und ist auf vielen Gebieten ganz vorn. Hier muß sinnvollerweise auch weiter investiert werden, um die Positionen zu behaupten oder noch auszubauen. Wenn aber keine Chance besteht, Anschluß an die Spitze zu finden, sollte man es lieber ganz lassen. Folglich wurden im Rahmen des Centurion-Prozesses auch im Portfolio-Bereich die Weichen neu gestellt. Philips hat sich von diversen Aktivitäten getrennt, etwa der Entwicklung von Halbleiter-Speichern, den sogenannten D-RAMs, und von der Datentechnik, speziell dem Bau von PC's. Statt dessen wurde in diejenigen Sektoren investiert, in denen man ohnehin schon zu den Besten der Welt gehörte.

Dies sind nur einige Beispiele für die Problemfelder, die Philips in speziellen Task Forces adressierte. Die Ergebnisse dieser Task Forces mündeten in einer Vielzahl von Verbesserungsprojekten in nahezu allen Bereichen des Unternehmens.

4.2 Phase zwei: Revitalisierung

In diesem Abschnitt von Centurion entstand ein Maßnahmenbündel, das - stringent umgesetzt - die Trendwende bei Philips einleitete. Doch jetzt stellte sich die Frage, wie die Anfangserfolge dauerhaft gesichert werden könnten. In der zweiten Phase von Centurion ging es daher nicht mehr allein um die Adressierung der Problemfelder, sondern um die *Revitalisierung des Konzerns* - eine Phase, in der die gesamten Prozesse optimiert wurden. Entscheidend dabei war die Einbeziehung aller Mitarbeiterinnen und Mitarbeiter. Während Phase 1 nur durch Vorgaben „von oben" funktionieren konnte, lebte das Revitalisierungsprogramm vom Know-how und Ideenreichtum der ganzen Belegschaft.

Diese Phase war das eigentliche Herzstück beim Umbau des Konzerns. Für ihre erfolgreiche Umsetzung wurden zwei wesentliche Dinge benötigt: ein Qualitätsprogramm, das nicht allein die Qualität eines Produktes berücksichtigt, und hochmotivierte Mitarbeiter, die über ihren Tellerrand hinausblicken und in Gesamtprozessen denken.
Was ist in Phase 2 im einzelnen geschehen?

4.2.1 Übergang zu globalen Strukturen

4.2.1.1 Fabriken

Die Fabriken haben eine völlig neue Struktur bekommen. Dazu ein kurzer Rückblick: Der Philips Konzern ist in einer Zeit groß geworden, in der allein Europa im Zentrum des Handelns stand. Europa wiederum war aufgeteilt in nationale Märkte. Und diese nationalen Märkte wurden von nationalen Fabriken bedient. Während des Übergangs zum europäischen Binnenmarkt passierte nun folgendes: Während bei Philips noch „local" gedacht und produziert wurde, betrachteten die wichtigsten Konkurrenten, Amerikaner und Asiaten, Europa schon als Einheit. Sie bauten in der Regel nur *eine Fabrik für den gesamten europäischen Bedarf* oder faßten den europäischen Markt zu zwei oder drei wichtige Regionen zusammen. Das stellte sich recht bald als klarer Wettbewerbsvorteil heraus - sowohl strategisch als auch unter Kostenaspekten. Philips hat seine Fabrikstruktur zwangsläufig anpassen müssen. Viele „Local for Local"-Fabriken sind in den letzten Jahren geschlossen worden. Die Produktion wurde auf sogenannte International Product Center (IPC) konzentriert, die zu 85 bis 90 Prozent für den Export und nur noch zu 10 bis 15 Prozent für den lokalen Markt arbeiten. Früher waren die Relationen fast umgekehrt.

Die Neuordnung der Fabriken führte auch zu einer Neuorganisation der *Produktentwicklung*. Früher war in vielen Bereichen die Entwicklungsarbeit von den Produktionsstandorten abgekoppelt. Im Zuge der Umstrukturierung wurde die Entwicklungsverantwortung für Produkte - sowohl für den europäischen wie auch für den weltweiten Bedarf - auf die internationalen Product Centers (IPCs) übertragen. Gleiches gilt für das internationale Marketing. Mit dieser neuen Aufteilung änderte sich auch die Rolle des Managements. Eine lokale Fabrik wird nunmehr von einem Produktionsleiter geführt. Für ein Product Center internationalen Zuschnitts, das völlig eigenständig im Markt agiert, braucht man dagegen einen *Unternehmer*.

4.2.1.2 Qualität

Philips entwickelte einen konzernspezifischen Quality Award (PQA), ein Qualitätsprogramm, das auch die vielfältigen direkten und indirekten Prozesse einbezieht, die überhaupt zu einem Produkt führen. Dieser Ansatz geht viel weiter als das bekannte Qualitätssicherungssytem nach ISO 9000. Im Sinne von kontrollierten Rückmeldungen befaßt sich PQA mit jedem einzelnen Aspekt der Wertschöpfungskette, von der Entwicklung über die Bestell- und Lieferlogistik bis hin zu Lagerhaltung und Kundenbetreuung. Auch Management und Personalführung werden innerhalb von PQA als Qualitätskriterien erfaßt. Die Qualitätskontrolle beginnt schon in der Entwicklungsphase. In einem sogenannten Deployment-Prozeß werden alle relevanten Daten „heruntergebrochen". Jede Abteilung, jeder beteiligte Mitarbeiter ist einbezogen. In anschließenden Audit-Prozessen wird geprüft, was sich verändert hat. Schließlich werden Ziele definiert und geprüft. Zunächst befragt der Auditor das Management, last but not least auch die Beschäftigten am Band. Erst dann, wenn der Auditor auf allen Ebenen widerspruchsfreie Antworten bekommt, gilt ein Ziel als klar definiert. Wie es dann erreicht wird, liegt im Ermessen der Beschäftigten. Eine Folge dieses Qualitäts-Managements ist, daß Industrie-Meister bei Philips ihre klassische Funktion verloren haben. Als Vorarbeiter, die ihrer Gruppe zu sagen haben, was sie tun sollen, werden sie nicht mehr gebraucht. Die Gruppen müssen sich jetzt *selber organisieren*. Sie haben viele Freiheiten, aber auch die ganze Verantwortung. Mit Anweisungen kommt man in einer solchen teilautonomen Gruppenfertigung nicht weiter. Und daß die Gruppenarbeit funktioniert, ist eine Frage entsprechender Fortbildung. Die Erfahrung bei Philips ist, daß sich nur maximal ein Drittel der Meister für die neue Aufgabe als Coach der Gruppe eignet und den damit verbundenen Wandlungsprozeß mitmachen will.

4.2.1.3 Transferpreise

Auch die Transferpreise wurden ins Blickfeld gerückt. Früher lag die unternehmerische Verantwortung für Preise und Ergebnisse bei den Vertriebsgesellschaften, heute ist sie bei den Fabriken verankert. Das klingt selbstverständlich, war bei Philips aufgrund der alten Strukturen aber lange Zeit anders - mit fatalen Folgen. Die „Local für Local"-Fabriken lieferten ihre Waren zum „Kostenpreis plus x" ab. Vom Management wurde lediglich kontrolliert, ob die Kosten „einigermaßen in Ordnung" waren. Der Preisdruck von Markt- und Kundenseite kam in den Fabriken nicht an, zumindest nicht rechtzeitig. Wenn es heute ein Problem gibt, muß derjenige, der produziert, entwickelt und die internationalen Marketingstrategien entwirft, auch dafür sorgen, daß er im Hinblick auf Kosten und Preise wettbewerbsfähig bleibt - und zwar im Weltmaßstab. Das hat die Rolle der Fabriken völlig verändert. Um dies richtig zu verstehen, reicht ein Seminar nicht aus. „Verstehen" heißt, daß eine ganze Organisation nach den neuen Regeln handeln und reagieren muß.

4.2.1.4 Forschung

Forscher und Produktexperten bei Philips arbeiten nicht mehr nebeneinander her, sondern Hand in Hand. Auch das ist beileibe keine Selbstverständlichkeit, wenn man nur ein paar Jahre zurückblickt. Die Forschungsabteilungen waren der Meinung, überhaupt nichts ändern zu müssen, da sie ja zur Weltspitze gehörten. Die Verantwortung für schlechte Ergebnisse wurde anderen Unternehmensbereichen zugeschoben - und zwar nach dem Motto: „Wenn ihr nicht in der Lage seid, unsere guten Forschungsergebnisse in erfolgreiche Produkte umzusetzen, dann seid ihr selber schuld."

Das Prinzip der Schuldzuweisungen funktionierte natürlich auch in umgekehrter Richtung. Wer im Einzelfall Recht hatte, war kaum zu entscheiden. Um die Phase gegenseitiger Schuldzuweisungen zu überwinden, ordnete Präsident Jan Timmer für zwei Drittel aller Forschungsarbeiten „Einigungszwang" an. Das letzte Drittel, die Grundlagenforschung, blieb davon unberührt, da sie naturgemäß keinem Unternehmensbereich zuzuordnen ist. Seither überlegen Produktexperten und Forscher *gemeinsam*, was sinnvollerweise zu erforschen ist und wie man die Ergebnisse mit Produkten in Verbindung bringen kann. Die Finanzierung der Projekte ist erst dann gesichert, wenn sich alle Parteien, also Unternehmensbereiche und Forschung, einig sind - ein durch und durch marktgerechtes Vorgehen, das Redundanzen vermeidet und zu erheblich höherer Effektivität geführt hat.

Der Wandel bei Philips läßt sich schließlich auch anhand einiger ausgewählter Supportfunktionen beschreiben:

4.2.1.5 Rechenzentren

Alle großen Länderorganisationen von Philips hatten jeweils ihr eigenes Rechenzentrum. Das hätte man trotz hoher Redundanzkosten vielleicht noch hinnehmen können, wenn die Rechenzentren wenigstens kompatibel gewesen wären. Tatsächlich aber wurden sie nach unterschiedlichen Verfahren mit unterschiedlicher Informationstechnologie betrieben. Auftragsbearbeitung und Auftragsabwicklung waren international kaum aufeinander abgestimmt. Angenommen, General Motors hätte damals mit Philips einen Weltvertrag über die Belieferung mit Mikroelektronik abgeschlossen. Der Auftrag hätte in viele kleine Stücke zerlegt werden müssen. Abwicklung, Logistik, Inkasso und was sonst noch dazugehört, alles hätte auf die nationalen Rechenzentren zugeschnitten werden müssen, nichts hätte zusammengepaßt - eine Zumutung für den Kunden und ein kostenträchtiges und zeitraubendes Verfahren für Philips. Mittlerweile ist das Problem durch die Zusammenlegung vieler Rechenzentren behoben worden.

4.2.1.6 Logistik

Wie eingangs schon angesprochen, ist es allemal effektiver, nach Auftragseingängen zu produzieren als nach Vertriebsplänen. Selbst die cleversten Verkäufer sind nicht in der Lage vorauszusagen, was die Kunden morgen bestellen. Und wer produziert, was im

Augenblick nicht verlangt wird, baut bekanntlich hohe Lagerbestände auf, die viel Geld kosten. Im Zweifelsfall muß die Ware schließlich sogar abgeschrieben werden. Auch Philips hat solche Erfahrungen gemacht und seine Lehren daraus gezogen. Die Produktionsabläufe werden nicht mehr von der Weitsicht der Marketingstrategen bestimmt, sondern von den *Kundenwünschen*. Dafür mußten allerdings erst die richtigen logistischen Prozesse und Verfahren entwickelt werden. Zudem ist im Hinblick auf die Typenvielfalt eine stärkere Disziplin eingekehrt. Gleiches gilt für den Einkauf. Sinnvoll ist auch die Beschränkung auf Baukastensysteme, mit denen unterschiedlichste Endprodukte aus wenigen standardisierten Modulen hergestellt werden können.

4.2.1.7 Vertriebsorganisation

Was früher für die Produktion galt, traf ebenso auf die Vertriebssysteme von Philips zu: Sie waren national ausgerichtet. Auch hier hat es radikale Veränderungen gegeben. Europa ist in Bereiche aufgeteilt; es wurden länderübergreifende Vertriebsorganisationen geschaffen. Unter dem Druck der Verhältnisse sind für jeden Unternehmensbereich sogar völlig neue Vertriebsstrategien entwickelt worden.

Ein Beispiel aus dem Bereich der Chip-Aktivitäten, in dem Philips früher extrem hohe Vertriebskosten hatte, mag das verdeutlichen: Statt die Top-Kunden zu pflegen, kümmerte sich der Vertrieb viel zu intensiv um die vielen kleinen und mittleren Kunden. Dahinter stand die Logik, daß viele Kunden auch viel Umsatz bedeuten. Das ist im Prinzip auch richtig. Die Frage ist nur, ob man sie alle *selber* bedienen muß.

Wo das Kernproblem lag, zeigte sich in einem Vergleich mit den wichtigsten Konkurrenten. Die Marktanteile von Philips stiegen tendenziell mit abnehmender Kundengröße, während es bei den Wettbewerbern genau umgekehrt war: Eine genaue Analyse zeigte, daß die Großkunden von Philips praktisch die Vertriebskosten der übrigen Kunden „subventionierten" - eine aus Sicht der Großkunden unnötige Verschwendung, die schließlich dazu führte, daß sie sich mehr und mehr anderen Lieferanten zuwandten.

Das Lösungsmodell, für die kleineren Kundnesegmente *Wiederverkäufer* einzuschalten, war zunächst sehr umstritten. Es hieß, was die Wiederkäufer verdienen, könne man doch viel besser selbst machen. Doch der mittlerweile sich abzeichnende Erfolg gibt den Befürwortern der Konzentration Recht. So ist die Zahl der Kunden im ersten Schritt von 14.000 auf 4.000 reduziert worden. In weiteren Schritten reduzierte sich die Zahl zunächst auf 2.000, dann auf 1.000. Heute ist der Chip-Bereich bei 250 Kunden angekommen. Am Ende werden es nur noch 100 sein, da der Vertrieb sich jetzt besser auf wenige Key-Kunden konzentrieren und deren Innovationsbedürfnisse aufnehmen kann. Auch die Zahlen können sich sehen lassen. Die Vertriebskosten sind in einer Weise gesunken, wie man es nicht für möglich gehalten hatte. Mittlerweile peilt der Chip-Bereich die 3-Prozent-Marke an.

4.2.1.8 Auftritt nach außen: Let's make things better

Die Unternehmensleitlinien kommen auch in dem Slogan „Let's make things better" zum Ausdruck, dem Leitmotiv der neuen Philips-Werbung. Erstmalig in seiner Geschichte wirbt Philips weltweit mit *einer* Botschaft. Egal, ob für Röntgengeräte, Kaffeemaschinen oder Computermonitore geworben wird: Seit dem Start der Kampagne 1995 ist der Auftritt *einheitlich*. Jedes Land hatte die Möglichkeit, den Slogan in der original englischen Fassung zu verwenden oder - wo man es der Kundschaft nicht zumuten konnte - in der Landessprache. In Deutschland blieb es bei der englischen Version. Tests ergaben übrigens, daß eine „gute" Übersetzung des Slogans gar nicht so einfach ist.

Schon jetzt ist erkennbar, daß Philips von diesem einheitlichen Auftritt profitiert. Das bestätigen nicht nur hauseigene Wirkungsanalysen. In der letzten Umfrage des manager magazins nach den 100 größten Unternehmen hat sich Philips um 31 Plätze vorgearbeitet. Das ist vor allem dann verständlich, wenn man sich vergegenwärtigt, wie Philips früher für sich und seine Produkte geworben hat - mit einem eher grauen, uneinheitlichen und diffusen Sammelwerk unterschiedlicher Anzeigen und Botschaften. Philips war in den verschiedensten Schreibweisen, Farben und Plazierungen positioniert - von Corporate Identity keine Spur. Da wurden Produkte auf teuren Werbeseiten technisch erklärt, obwohl die Konsumenten mehrheitlich keine Techniker sind. Es regierte der Verstand - ohne Berücksichtigung der Tatsache, daß Kommunikation auch „über den Bauch" geht.

Darüber hinaus besticht die neue Kampagne durch ihre Internationalität. Sie hat die verschiedensten Produktbereiche unter *einen* „Werbe-Hut" gebracht. Der Kunde erkennt jetzt zum ersten Mal, wie vielfältig Philips ist. „Let's make things better" ist jedoch weitaus mehr als eine Werbebotschaft für Produkte und Dienstleistungen. Den Slogan hat Philips für eine Corporate Image-Kampagne genutzt, um den Veränderungsprozeß durch Centurio darzustellen. Überdies wird der Leitsatz in der internen Kommunikation eingesetzt. Besser als mit „Let's make things better" läßt sich der gewünschte ständige Verbesserungsprozeß nicht beschreiben.

4.3 Phase drei: Betreten neuer unternehmerischer Felder

Nachdem die Kosten reduziert, nicht-profitable Geschäftsfelder abgestoßen und die Rentabilität wiederhergestellt wurden, seitdem der Konzern im Hinblick auf Kundenorientierung, Mitarbeitermotivation und das gesamte Qualitätswesen völlig neu ausgerichtet ist, kann Philips nun auch wieder *neue unternehmerische Felder betreten*. Denn langfristiges rentables Wachstum hängt auch vom Ausschöpfen neuer Chancen ab. Das geschieht vorrangig über Innovationen und Akquisitionen.

4.3.1 Innovationen

Ein Beispiel aus der jüngeren Zeit ist das Kraftfahrzeug-Navigationssystems CARiN. Das revolutionäre System führt den Autofahrer mit Hilfe modernster Elektronik und Satellitentechnik punktgenau zu seinem Fahrziel. Die Entwicklung kommt aus dem Philips - Bereich Car Systems in Wetzlar. Dort wird es auch produziert, weil Deutschland der größte europäische Automobilmarkt ist. Bei der Herstellung des Systems wird jedoch sehr stark auf internationale Zulieferer zurückgegriffen, die verschiedene Module für CARiN zur Montage anliefern.

Ein anderes Beispiel: Philips Broadcast Television Systems (BTS) in Griesheim zeichnet sich unter anderem durch hohe Innovationskraft auf dem Gebiet der Fernsehstudio-Technik aus. Diese befindet sich im Wandel hin zum digitalen Fernsehen. Mit digitalen Kameras und ganzen Produktionszentren gehört BTS zu den Vorreitern der Branche. Auch in der Spracherkennung spielt Philips „ganz vorn mit". Mit unserem Texterkennungssystem SP-6.000, das gesprochene Worte sofort in ein Textprogramm übersetzt, haben wir neue Maßstäbe gesetzt. Dies sind nur zwei weitere Beispiele für eine Fülle von Produktinnovationen aus den Geschäftsfeldern von Philips.

4.3.2 Akquisitionen

Auch akquisitorisch folgen wir nur noch der Maxime, uns da zu verstärken, wo wir ohnehin schon führend sind. In Deutschland haben wir in jüngster Zeit einige Firmen erworben, die das Portfolio von Philips ideal ergänzen und verstärken. Mit der AEG Lichttechnik in Springe haben wir unseren Bereich Licht verstärkt. Auch die Sub Micron Semiconductors Technology (SMST) in Böblingen, ein Joint-Venture zwischen Philips und IBM, ergänzt die Aktivitäten unserer Halbleitersparte.

Vor dem Hintergrund unseres strategischen Ziels, Software- und Multimedia-Aktivitäten auszuweiten, haben wir mit der SPEA in München ein hochinnovatives Unternehmen für zukünftige Multimedia-Anwendungen erworben.

Grundsätzlich steht man bei einer Ausrichtung auf neue Märkte oder der Erweiterung bestehender Aktivitätsfelder immer wieder vor der Entscheidung, wie das Ziel am besten zu erreichen ist: mit den bestehenden Ressourcen oder durch die Akquisition neuer Unternehmen? Früher wäre vermutlich auf Biegen und Brechen versucht worden, das Ziel mit den bestehenden Ressourcen zu erreichen. Heute wird genau abgewogen, ob die eigenen Aktivitäten ausreichend Chancen bieten, um zur Weltspitze vordringen zu können. Wenn nicht, verfolgt Philips die Strategie, ein Unternehmen zu kaufen oder sich an leistungsfähigen Firmen zu beteiligen. Wichtig ist dabei, daß das Portfolio optimal mit den strategischen Zielen harmoniert. Die Herausforderung, alles mit eigenen Kapazitäten abdecken zu können, darf nicht zum Selbstzweck werden.

5. „The Philips Way"

Alle geschilderten Maßnahmen zusammengenommen, hat der strategische Umbau des Philips-Konzerns rund fünf Jahre gedauert. Abgeschlossen ist er damit aber nicht. Die neue Unternehmensphilosophie lautet, daß es bei allem Stolz auf das Erreichte keinen Stillstand mehr geben darf. Prozesse und Produkte müssen *permanent verbessert* werden.

Schlüsselfaktor für den Erfolg von Centurion ist der „Philips Way", mit dem über alle Länder- und Abteilungsgrenzen hinweg neue Werte- und Verhaltensnormen implantiert wurden. Der Wertekatalog ist im wesentlichen das Ergebnis einer Befragung, an der Mitarbeiter an allen Unternehmensstandorten weltweit beteiligt waren. Das Ergebnis dieser Untersuchung wurde in folgenden fünf Punkten zusammengefaßt, die gleichsam die neuen Unternehmensziele definieren:

1. Kundenorientierung,
2. zufriedene Mitarbeiter und Mitarbeiterinnen,
3. hohe Qualitätsmaßstäbe und Spitzenleistungen,
4. Renditeorientierung,
5. Initiative, also unternehmerisches Handeln auf allen Ebenen.

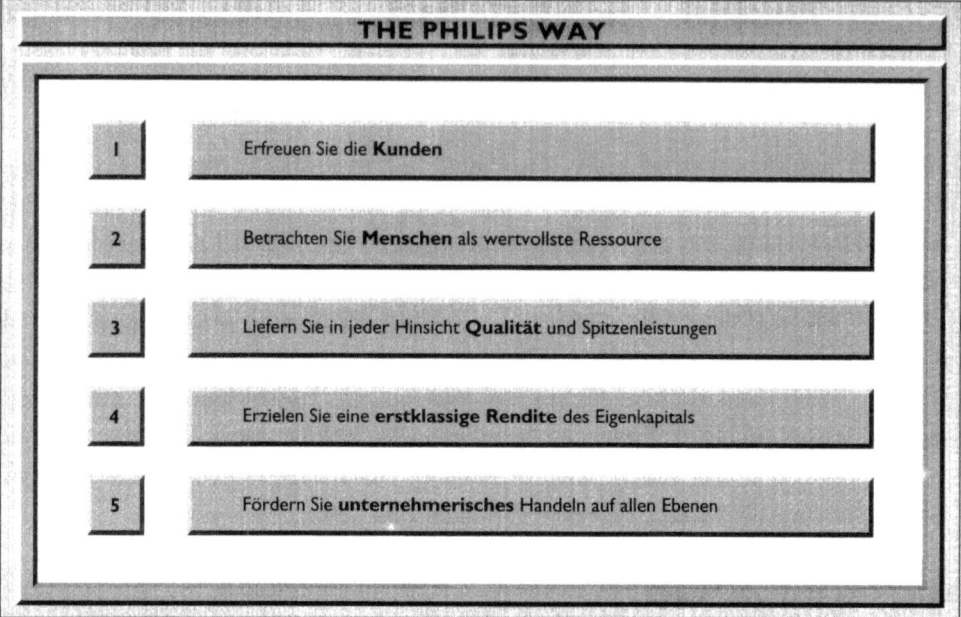

Abb. 2: „The Philips Way"

6. Schlußbetrachtung

Philips hat 1994 den Turnaround geschafft. 1995 schloß Philips mit dem besten Ergebnis in der Unternehmensgeschichte ab. Die neuen Unternehmensgrundsätze sind heute so fest verankert, daß kaum noch Gefahr besteht, daß sich Management und Belegschaft auf den Lorbeeren ausruhen. Wichtig ist jedoch, den Umstrukturierungsprozeß bei Philips nicht als einmalige Aufgabe, sondern als permanenten Prozeß zu verstehen, der auch von dem neuen Präsidenten des Philips-Konzerns, Cor Boonstra, konsequent fortgeführt wird: „Centurion, der Veränderungsprozeß bei Philips, endet nie."

Reorganisation eines Unternehmens mit weltweit vernetztem Dienstleistungsprozeß

Von Dipl.-Kfm. Bernd Wrede, Hamburg

Inhaltsübersicht

1. Der Hapag-Lloyd Konzern

2. Die Division Container-Linienschiffahrt
   2.1 Containertransporte "von Haus zu Haus"
   2.2 Weltmarkt Container-Linienschiffahrt

3. Organisation der Division Container-Linienschiffahrt
   3.1 Ausgangslage
   3.2 Reorganisation
   3.3 Ergebnis der Maßnahmen

4. Fazit

1. Der Hapag-Lloyd Konzern

Der Hapag-Lloyd Konzern erzielte 1995 in seinen Geschäftsfeldern Container-Linienschiffahrt, Touristik und Spedition einen Umsatz von 4,4 Mrd DM (siehe Abbildung 1).

In der Container-Linienschiffahrt betreibt Hapag-Lloyd weltweiten intermodalen Containerverkehr, der den Seetransport mit Inlandstransport durch Bahn, Lkw oder Binnenschiff verbindet. Dieser Haus-zu-Haus-Transport wird durch eine eigene, weltweit tätige Vertriebs- und Logistikorganisation akquiriert und gesteuert. Zur Bewältigung des Transportvolumens stehen 18 eigene und eine Reihe eingecharterter Containerschiffe sowie 160.000 TEU (Twenty foot Equipment Units) eigene Container unterschiedlicher Typen zur Verfügung, die nahezu jede Art von Ladung aufnehmen können. Der Container-Dienst wird ergänzt durch die Rickmers-Linie, die konventionelle Frachtschiffahrt, insbesondere zwischen Europa und China sowie zwischen Nordamerika und China, betreibt.

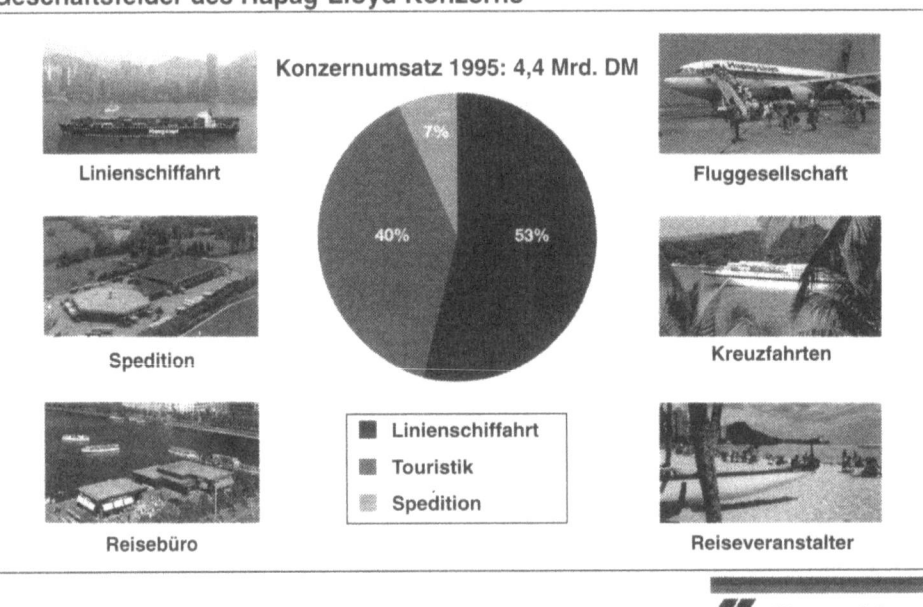

Abb. 1:   Geschäftsfelder des Hapag-Lloyd Konzerns

Der deutsche Touristikmarkt ist - nach den USA - der zweitgrößte der Welt. Die Deutschen geben zur Zeit 70 Mrd DM p.a. für Auslandsreisen aus. Die Touristik-Division besteht aus den Geschäftsbereichen Fluggesellschaft, Reisebüro, Seetouristik sowie Reiseveranstaltung. Hapag-Lloyd Flug bedient mit 25 modernen Flugzeugen der Typen Boeing 737 und Airbus 310 insbesondere die Sonnenziele rund um das Mittelmeer und auf den Kanarischen Inseln. Eine eigene Instandhaltung auf dem Heimatflughafen Hannover-Langenhagen gewährleistet den erstklassigen technischen Zustand der Flugzeuge. Die Hapag-Lloyd Reisebüro-Organisation ist in den Geschäftsfeldern Firmenreisedienst und Touristik tätig. Mit einem Netzwerk von mehr als 360 Reisebüros ist Hapag-Lloyd in allen wichtigen deutschen Städten vertreten. Das Netzwerk wird abgerundet durch Service-Schalter auf den meisten deutschen Flughäfen und Implant-Büros bei wichtigen Geschäftskunden. Hapag-Lloyd Seetouristik setzt drei (ab 1997 vier) exklusive Kreuzfahrtschiffe und eine Reihe weiterer Charterschiffe ein. Das Flaggschiff der deutschen Kreuzfahrtflotte, MS "Europa", wurde durch den Berlitz Cruise Guide mit der höchsten Qualitätsstufe "5-Sterne-Plus" ausgezeichnet und als zweitbestes Kreuzfahrtschiff weltweit klassifiziert. Hapag-Lloyd ist schließlich im wichtigen Bereich der Reiseveranstaltung mittelbar vertreten durch den 30 %igen Anteil an der Touristik-Union International (TUI), dem größten Reiseveranstalter in Europa, sowie durch Spezialprogramme unter eigenem Namen.

2. Die Division Container-Linienschiffahrt

2.1 Containertransporte "von Haus zu Haus"

Die Division Linienschiffahrt betreibt weltweite Containertransporte "von Haus zu Haus". Hapag-Lloyd organisiert nicht nur den Seetransport eines Containers, sondern zusätzlich auch die Inlands-Transporte vom und zum Seehafen und übernimmt darüber hinaus komplexe Logistikdienstleistungen für die Kunden. Mit einem Transportvolumen von 960.000 TEU gehört Hapag-Lloyd weltweit zu den großen Unternehmen der Branche.

Die Weltkarte zeigt ein dichtes Netz der Hapag-Lloyd-Liniendienste. Der Schwerpunkt liegt auf den volumenstarken Verkehren in Ost-West-Richtung zwischen den industrialisierten Ländern der "Triade" Europa, Nordamerika und Asien. Auf diesen Routen erzielt Hapag-Lloyd 80 % seines Transportvolumens. Diese Verkehre werden ergänzt durch Dienste in die Karibik sowie nach Südamerika und Australien/Neuseeland. Die vielfältig vernetzte Dienststruktur ermöglicht kurze Transitzeiten für die Kunden und umfangreiche Möglichkeiten zur Optimierung des Einsatzes von Transportgerät.

Der Containerverkehr beschränkt sich heute nicht mehr auf den Seetransport. Nur noch ein kleiner Teil des gesamten Transportvolumens wird in den Seehäfen in Container verpackt und entladen. Zum Standard ist vielmehr der Haus-zu-Haus-Transport geworden. Eine "Transportkette", die See- und Landtransport sowie Umschlags- und Lagerungsfunktion umfaßt, verbindet Verlader und Empfänger (siehe Abbildung 2).

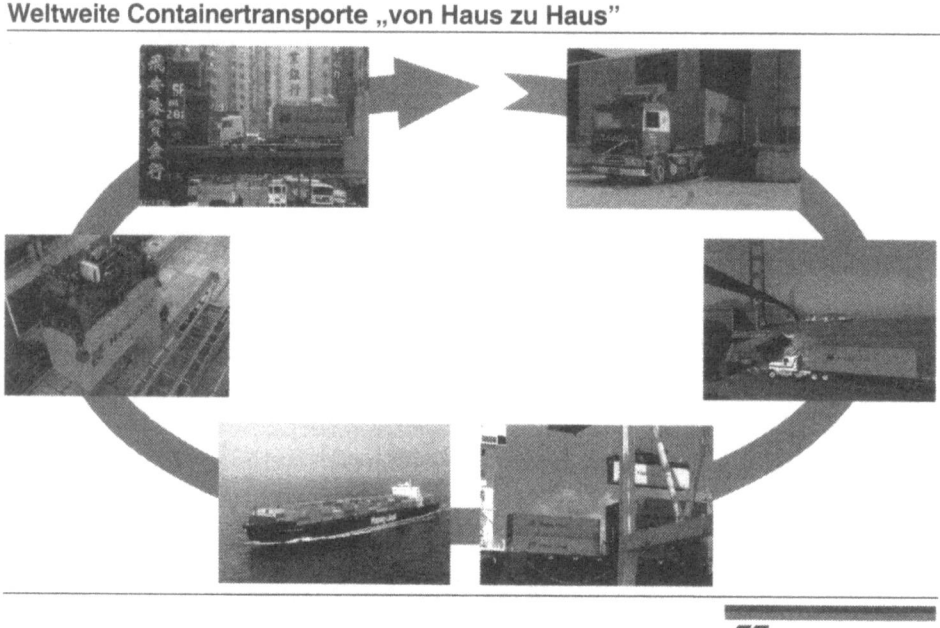

Abb. 2:   *Transportkette „von Haus zu Haus"*

Die Ladung wird auf dem Betriebsgelände des Verladers in Containern gestaut und mit Bahn, Binnenschiff oder LKW zum Seehafen transportiert, auf ein Containerschiff geladen und vom Zielhafen an den endgültigen Bestimmungsort im Binnenland transportiert. Diesen kundenbezogenen Transportleistungen vor- und nachgelagert ist eine ausgefeilte Logistik zur möglichst kostengünstigen Bereitstellung von Containern beim Verlader und ihre Rückführung nach Transportende. Die Transportkette reicht heute vielfach bereits in die Organisation der Kunden hinein. So ist bei Transporten von gefährlicher Ladung und Projektladung eine intensive Vorabstimmung über die besonderen Anforderungen des Transports erforderlich. Zunehmende Bedeutung hat auch die Ausdehnung der Dienstleistung der Reederei auf in den Containern befindlichen Waren für die Bestandsführung und den Lagerstellennachweis. Zunehmend werden externer Containertransport und innerbetriebliche Logistik - z.B. in der Automobilindustrie - derart abgestimmt, daß Zubehörteile vom Container ohne Zwischenlagerung direkt in die Endprodukt-Fertigung übernommen werden.

Diese umfassenden Dienstleistungsangebote werden bei Hapag-Lloyd durch eine eigene weltweite Vertriebs- und Logistikorganisation mit über 120 Standorten in allen wichtigen Wirtschaftszentren gewährleistet. Die Standorte sind untereinander durch ein EDV-Netzwerk verbunden, das den gesamten Leistungsprozeß integriert abbildet und für die Transportbearbeitung und -begleitung weltweit online zur Verfügung steht. Angebot, Buchung, Disposition und Rechnungsstellung erfolgen aus einem geschlossenen DV-System.

2.2 Weltmarkt Container-Linienschiffahrt

Das Marktumfeld der Linienschiffahrt ist der offene Weltmarkt, in dem es nationale "Schutzzonen" nicht mehr gibt. Charakteristika dieses Marktes sind die Internationalität der Kunden, Wettbewerber und Subunternehmer, starker Einfluß von Warenströmen und Nachfrageschwankungen in der Weltwirtschaft auf das Geschäft sowie eine erhebliche Abhängigkeit von Entwicklungen der internationalen Währungsparitäten:

- Auf der *Angebotsseite* konkurrieren Reedereien aus Asien, Europa und Nordamerika, deren angebotene Produktqualitäten zumindest im Seetransport vergleichbar sind. Durch die Containerisierung wurde die Leistung weitgehend standardisiert, der Preis ist zudem transparent. Chronische Überkapazitäten belasten die Marktposition der Anbieter zusätzlich.

- Die *Nachfrager* sind als multinationale Unternehmen und Spediteure "Profis" in Sachen internationaler Logistik. Ihr Einkaufsverhalten ist flexibel, der Preis der Transportleistung ist wichtigstes Einkaufskriterium vor der Produktqualität.

Der globale Markt der Container-Linienschiffahrt ist durch ausgeprägten Wettbewerb, der insbesondere über den Preis geführt wird, gekennzeichnet. In dieser Marktsituation ist der Gewinn entscheidend durch die Kostenposition der Reederei bestimmt.

3. Organisation der Division Container-Linienschiffahrt

Die im vorangehenden Kapitel dargestellten Merkmale des Containertransportgeschäfts erfordern eine flexible, dezentrale und kostengünstige Organisation. Die Anforderungen wurden durch die traditionelle Organisation nicht mehr ausreichend erfüllt. Eine erforderliche Reorganisation zur weitgehenden Dezentralisierung von Kompetenz und Verantwortung konnte in nur 10 Monaten erfolgreich abgeschlossen werden.

3.1 Ausgangslage

Die Linienschiffahrt war bei Hapag-Lloyd bis 1993 traditionell funktional und zentralistisch organisiert (siehe Abbildung 3).

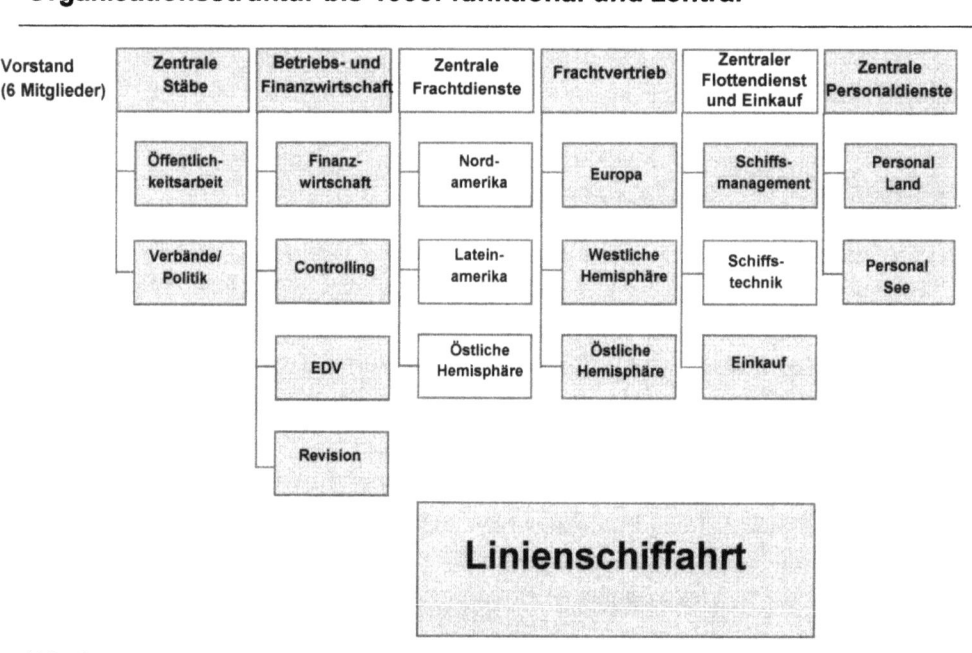

Abb. 3: Organisationsstruktur bis 1993

- Merkmal der *funktionalen* Ausrichtung war insbesondere die organisatorische Trennung des Vertriebs und der Containerlogistik von den "Zentralen Frachtabteilungen", die die Produktion des Seetransports wahrnahmen. Beide Bereiche waren unterschiedlichen Vorstandsmitgliedern unterstellt.
Die *Zentralität* der Organisation fand ihren Niederschlag in der Preiskompetenz der Zentralen Frachtabteilungen gegenüber dem weltweiten Vertrieb.

- Auffällig war auch die Betonung der technischen Funktionen, die als eigenständiger Vorstandsbereich geführt wurden und über das Know-how zur Entwicklung kompletter Schiffe im Detail verfügten.

Mit dieser Organisation konnte über Jahre hinweg die Produktivität des Unternehmens kontinuierlich gesteigert werden: Eine Leistungssteigerung um 6 % p.a. war für ein Unternehmen in Deutschland als durchaus respektabel anzusehen, jedoch nicht ausreichend, eine angemessene Rendite zu erzielen. Die traditionelle Organisation erwies sich als den Anforderungen des Marktes an Flexibilität, Kundennähe und niedrige Kosten nicht mehr gewachsen.

3.2 Reorganisation

Ziel der Neuorganisation war eine erhebliche und nachhaltige Verbesserung der Produktivität durch Erhöhung von Flexibilität und Kundennähe sowie eine spürbare Kostensenkung.

Im Rahmen der Reorganisation wurden Kompetenz und Verantwortung konsequent in die Vertriebsorganisation dezentralisiert. (Die in Abbildung 3 *weiß* unterlegten organisatorischen Einheiten wurden *abgeschafft*.) Dieses bedeutet im einzelnen:

- *Divisionalisierung* des Unternehmens: Jedes Geschäftsfeld (Division) wird heute von nur einem Vorstandsmitglied geführt, das jeweils ergebnisverantwortlich ist. Der *Vorstand* des Unternehmens wurde durch die Divisionalisierung von 6 auf 4 Mitglieder reduziert.

- *Dezentralisierung* der Division: Die Verantwortung und entsprechende Entscheidungskompetenz für Transportabschlüsse, Preise, Kosten und damit das Ergebnis wurde vor Ort in den Vertrieb dezentralisiert.

- Die oben bereits erwähnten "Zentralen Frachtabteilungen" wurden aufgelöst, ihre Aufgaben in den Vertrieb dezentralisiert. Diese Maßnahme stellt einen ganz wesentlichen Schritt dar, da mit der Abschaffung der jahrzehntelang einflußreichen Frachtabteilungen ca. 20 % der Gesamtbelegschaft betroffen waren.

- Die technischen Funktionen, insbesondere die mit Schiffsneubau befaßten Abteilungen, wurden gestrafft. Die Abschaffung der Neubauabteilung bedeutet den Verzicht auf eine Abteilung mit hohem weltweiten Prestige. Die Beschaffung von

Schiffen wird zukünftig wie der Einkauf anderer Wirtschaftsgüter durchgeführt, so daß individuelle Konstruktion durch Standardprodukte ersetzt wird.

Die Veränderung der Organisationsstruktur ist nur ein Teil des gesamten Reorganisationsprozesses und als "sichtbare Spitze eines Eisbergs" sogar der eher einfachere. Schwieriger als die formale Organisationsänderung ist das Verändern von "Denken und Verhalten". Dieses gilt insbesondere für ein Traditionsunternehmen mit zum Teil jahrzehntealten Denk- und Handlungsgewohnheiten. So galt es, das Unternehmen zu bewegen

- von Technik-Orientierung zu *Ergebnis-Orientierung*, in der nicht mehr perfektionierte (Schiffs-)Technik, sondern der Beitrag zum Unternehmensergebnis zählt.

- von Hardware-Orientierung zu einer *Dienstleistungs- und Kundenorientierung*, in der nicht mehr die "Zuteilung" von Transportgerät und Schiffsraum, sondern die Erfüllung von Kundenbedürfnissen zählt.

- von der Orientierung an regulierten Märkten hin zur *Ausrichtung am offenen Weltmarkt* als Meßlatte, in dem asiatische Unternehmen die Hauptwettbewerber sind.

Der Hapag-Lloyd Konzern ist nach Abschluß der Reorganisation in Profit Center divisionalisiert (siehe Abbildung 4). Das Profit Center Container-Linienschiffahrt untergliedert sich in drei ergebnisverantwortliche Regionen, nämlich Europa, West (Nord-, Mittel- und Südamerika) und Ost (Asien und Australien/Neuseeland) sowie die Zentralbereiche Flotten- und Containermanagement und Datenverarbeitung. Diese Organisationsstruktur schafft klare Verantwortung und flexible, schlanke und damit kostengünstige Strukturen. Die Führung der dezentralen Entscheidungsträger erfolgt durch ergebnisorientierte Steuerung, deren Kern Renditevorgaben sind. "Konzernsubventionen", d.h. der Verzicht auf angemessene Rendite in jedem einzelnen Geschäftsfeld, sind nicht tragbar. Es kann nicht hingenommen werden, daß lediglich im Durchschnitt der Geschäftsfelder eine angemessene Rendite erzielt wird, vielmehr muß *jedes* Profit Center das in ihm gebundene Kapital angemessen verzinsen. Die "Angemessenheit" der Kapitalverzinsung orientiert sich an Börsenerwartungen. Die quantitative, finanzwirtschaftliche Steuerung wird ergänzt durch enge Kooperation des untereinander persönlich bekannten oberen Führungsteams, einer Gruppe von rd. 50 wichtigen Entscheidungsträgern im Konzern.

Neue Organisationsstruktur: divisional und dezentral

Vorstand (4 Mitglieder)
- Vorsitzender des Vorstandes
  - Public Relations
  - Finanzen
  - Controlling
  - Revision
- Division Linienschiffahrt
  - Region Europa
  - Region West
  - Region Ost
  - Rickmers-Linie
  - Flotten- und Containermanagement
  - Datenverarbeitung
- Division Touristik
  - Hapag-Lloyd Fluggesellschaft
  - Hapag-Lloyd Reisebüro
  - Hapag-Lloyd Kreuzfahrten
  - Hapag-Lloyd Tours
- Arbeitsdirektor
  - Pracht Spedition & Logistik
  - Personalwesen

Abb. 4:   *Neue Organisationsstruktur*

3.3 Ergebnis der Maßnahmen

Seit der Umsetzung der neuen Organisation sind inzwischen zwei Jahre vergangen, so daß die Beurteilung der Wirksamkeit der neuen Strukturorganisation inzwischen möglich ist. Die neue Struktur kann als erfolgreich bezeichnet werden: Wurde vor Reorganisation eine jährliche Produktivitätssteigerung von 6 % realisiert, so erreichte die neue Organisation einen deutlichen Produktivitätsschub: Seit 1993 ist die Produktivität um 20 % pro Jahr gestiegen. Mit der neuen Organisation wurde die Voraussetzung für eine erheblich verbesserte Kostenposition durch Nutzung der dezentralen Markt- und Logistikkompetenz geschaffen. Wir führen den Erfolg der neuen Organisationsstruktur auf das konsequente Vorgehen bei ihrer Umsetzung zurück. Als wichtige Eckpunkte des Prozesses sind zu nennen:

- Einstimmige Entscheidung im Vorstand und gleichzeitige Personifizierung der zweiten Führungsebene. So wurde zum einen die Organisationsentscheidung klar kommuniziert, zum anderen die personelle Klarheit für die Umsetzung geschaffen.

- Der zweiten Führungsebene wurde die Strukturierung und Personifizierung der dritten und vierten Ebene übertragen und ermöglichte so eine zügige Erarbeitung der Detailorganisation.

- Die konsequente, tabu-freie und schnelle Umsetzung ermöglichte die breite Aktivierung von Produktivitätsreserven.

- Vorgaben für Maßnahmen und Kostensenkung und das Nachhalten der Zielerreichung gewährleisteten, daß die betriebswirtschaftlichen Ziele der Reorganisation stets im Blickpunkt der Handlungen standen.

Die weltweite Organisation wurde in nur 10 Monaten konzipiert und abschließend umgesetzt. "Schnelligkeit vor Perfektion", durch dieses Grundprinzip, das befristet Provisorien tolerierte, wurde die kritische, unproduktive Phase jeder Reorganisation gezielt sehr kurz gehalten und sichergestellt, daß die neue Organisation schnell Tritt fassen konnte.

4. Fazit

Mit ihrer dezentralen Organisation verfügt die Container-Linienschiffahrt von Hapag-Lloyd über eine Struktur, die den Anforderungen des Marktes optimal entspricht. In einem globalen Markt mit weitgehend austauschbaren Dienstleistungen sind es die "weichen Faktoren", wie Qualität des Managements und Organisation, die zumindest befristet einen Wettbewerbsvorteil verschaffen können.

Unternehmensführung im Wandel

Von Dr. Klaus Mentzel, Hamburg

Inhaltsübersicht

1. Einführung
2. Zunehmende Dynamik in den Veränderungen des unternehmerischen Umfelds
    2.1 Marktveränderungen
    2.2 Technologische Entwicklungen
    2.3 Soziodemographische Strukturen
3. Defizite der traditionellen Managementkonzepte
    3.1 Business Reengineering
    3.2 Lean Management
    3.3 Informationstechnologie
    3.4 Ziel: Ganzheitliches Konzept
4. Der Weg zu einem ganzheitlichen Ansatz der flexiblen Unternehmensführung
    4.1 Umdenken von funktions- zu prozeßorientierten Strukturen
        4.1.1 Ausgangspunkt
        4.1.2 Prozeßebenen
        4.1.3 Prozeßsegmentierung
    4.2 Humanzentrierung als zentrales Element der flexiblen Unternehmensführung
    4.3 Information als integrierendes Element zwischen den Prozeßsegmenten
5. Umgang mit dem Risiko im Rahmen einer flexiblen Unternehmensführung
6. Zusammenfassung

    Anmerkungen
    Literaturverzeichnis

1. Einführung

Ziel der vorliegenden Ausarbeitung ist es, darzustellen, daß die Diskussion um neue Unternehmensstrukturen sich nicht allein auf Rationalisierung und Beschleunigung von Abläufen konzentrieren darf, sondern daß Strukturen geschaffen werden müssen, die *schnell* Veränderungen im unternehmerischen Umfeld erkennen lassen und unmittelbare Anpassungen der betroffenen Geschäftsprozesse zulassen.

Die Ansätze von Business Reengineering und Lean Management leisten dies nur unzureichend. Im folgenden werden aus diesen Konzepten nur diejenigen Sachverhalte dargestellt, die sich in einen ganzheitlichen Ansatz der *flexiblen Unternehmensführung* integrieren lassen. Ergänzend und vertiefend werden Ansätze entwickelt, die diesen ganzheitlichen Aspekt unterstützen, in der Literatur allerdings weitgehend vernachlässigt werden.

2. Zunehmende Dynamik in den Veränderungen des unternehmerischen Umfelds

Der Wandel im unternehmerischen Umfeld vollzieht sich nicht nur mit zunehmender Geschwindigkeit, sondern auch immer häufiger in diskontinuierlichen Sprüngen. Beispielhaft werden hier drei wesentliche Einflußfaktoren dargestellt, die für die Dynamisierung des Wandels im unternehmerischen Umfeld verantwortlich sind:[1]

2.1 Marktveränderungen

Die Märkte in westlichen Wirtschaftsregionen zeichnen sich durch Marktsättigung aus. Da die Unternehmen die „klassischen" Wettbewerbsinstrumentarien (Preis, Kosten, Qualität usw.) mittlerweile weitestgehend beherrschen, hat sich in vielen Branchen ein gewisses Gleichgewicht in der Wettbewerbssituation eingestellt. Gerade deshalb sind gegenwärtig große Anstrengungen erkennbar, mittels innovativer Ansätze, seien es neue Kommunikationsinstrumente, neue Vertriebswege oder innovative Produktentwicklungen, wieder Wettbewerbsvorteile zu erringen. Dieser Trend führt häufig *zu kurzfristigen Verwerfungen* in den Marktstrukturen.

Die *klassische Segmentierung von Verbrauchern* verändert sich mit wachsender Geschwindigkeit und wirkt zunehmend polarisierend; hier sei nur das Segment der Senioren einerseits, das der „Generation X" andererseits erwähnt. Im Zuge des stattfindenden Wertewandels verhält sich der Konsument immer individualistischer und polarisierender. Er deckt sich z.B. mit Artikeln des täglichen Bedarfs in Billigmärkten ein, kauft gleichwohl teuerste Luxusartikel in Spezialgeschäften. Die Fokussierung bestimmter Verbraucherschichten auf Masssenprodukte oder individuelle Artikel wird mehr und mehr aufgelöst.

Die existierende Kommunikationstechnologie erlaubt es nunmehr auch mittelständischen Unternehmen, global tätig zu werden. Hier treffen sie auf *sehr unterschiedliche Marktstrukturen*. Die Märkte westlicher Regionen sind in der Regel gesättigt, durch Verdrängungswettbewerb gekennzeichnet, hochpreisig, mit hoher Kaufkraft ausgestattet und verfügen über klare ordnungspolitische Regelungen. Märkte in Zentral- und Osteuropa haben dagegen extrem gegensätzliche Strukturen. Die Grundbedürfnisse können für die Mehrzahl der Konsumenten noch nicht befriedigt werden, da deren Kaufkraft zu niedrig ist. Ihnen steht eine kleine Schicht von Konsumenten gegenüber, die über eine sehr hohe Kaufkraft verfügt und Nachfrage auch für teuerste Luxusartikel erzeugt. Die ordnungspolitischen Regelungen unterliegen ständigen Änderungen. Für Unternehmen geht es deshalb vor allem darum, Strukturen zu schaffen, die flexibel genug sind, um in beiden „Welten" arbeiten zu können.

2.2 Technologische Entwicklungen

Im Bereich der technologischen Entwicklungen stehen in den nächsten Jahrzehnten Quantensprünge bevor[2]. Die *Informationstechnologie* entwickelt bereits Netzwerke, die den Konsumenten einbeziehen (Datenhighways) und völlig neue Vertriebswege erschließen. Hard- und Softwareentwicklungen lassen den Übergang in eine neue Dimension der Informationsverarbeitung erwarten. Andere Technologiebereiche, wie z.B. die *Gentechnologie*, stehen erst am Anfang einer nicht absehbaren Entwicklung, bis hin zur *Werkstoffkunde*, die wesentliche Impulse und Innovationsschübe aus der Weltraumtechnologie erwarten läßt.

2.3 Soziodemographische Strukturen

Ein abschließender Hinweis auf Veränderungen im unternehmerischen Umfeld bezieht sich auf Risiken in den soziodemographischen Strukturen. Falls es der Politik nicht gelingt, die gravierenden sozialen Unterschiede zwischen den ehemals westlichen Regionen und den sogenannten Reformländern anzugleichen, muß mit einer Wanderungsbewegung von ungeahntem Ausmaß gerechnet werden, die auch nicht mittels Grenzen und sonstigen Restriktionen aufgehalten werden kann, wie wir erst in jüngster Vergangenheit gelernt haben. Neben politischen Risiken muß dann auch mit einschneidenden Veränderungen in den Märkten (Verbraucherstrukturen) gerechnet werden.

Diese ausgewählten Beispiele sollen zeigen, daß die Zeit kontinuierlicher und vorhersehbarer Veränderungen im unternehmerischen Umfeld vorüber ist. Es gilt, sowohl *Risiken* aus neuen Umfeldern zu vermeiden als auch die sich ergebende *Chancen* zu nutzen.

Die traditionellen Ansätze der Ablauf- und Aufbauorganisation erlauben es den Unternehmen nicht mehr, diesen Veränderungen schnell genug zu folgen.

Geprägt von Smith und Taylor[3], wurden die Unternehmen bisher nach hochspezialisierten Funktionen strukturiert, in dem Glauben, hiermit optimale (schnellste) Arbeitsergebnisse zu erzielen, und zwar nicht nur in der Produktion, sondern bei *allen* Tätigkeiten des Unternehmens. Die Integration dieser spezialisierten Funktionen wurde über die Hierarchieebenen sichergestellt, mit dem Ergebnis, daß ein ganzheitlicher Überblick über das Unternehmen erst beim Letztentscheider vorlag.

Mit wachsender Komplexität des unternehmerischen Umfeldes wurden *zusätzliche Hierarchieebenen* aufgebaut. Um eine ausreichende Kommunikation zwischen diesen Ebenen sicherzustellen, wurde diese zunehmend bürokratisiert. Die Folgen sind heute in fast allen größeren Unternehmen sichtbar:

- lange Entscheidungswege,
- schwierige Kommunikation,
- teurer "Overhead",
- uneffiziente Abläufe,
- Einengung von Handlungsspielräumen und daraus folgend unzureichende Nutzung der Ressourcen der Mitarbeiter.

Die traditionellen Ansätze haben insgesamt dazu geführt, daß viele Unternehmen heute zu unflexibel und zu langsam sind und mit zu hohen Kosten arbeiten. Darüber hinaus hat eine Formalisierung und Bürokratisierung der Planungsinhalte stattgefunden, die den Blick auf Risiken und Chancen im unternehmerischen Umfeld verstellt haben.

Viele Unternehmen und Wissenschaftler haben dies bereits erkannt und Ansätze zur Lösung dieses Problems erarbeitet: vordergründig mit dem Ziel einer Kostenreduzierung, z.T. aber auch schon mit Blick auf eine Beschleunigung der Geschäftsprozesse, insbesondere in der Entwicklung und der Logistik.

3. Defizite der traditionellen Managementkonzepte

Die Diskussion konzentriert sich im wesentlichen auf drei Lösungsvorschläge:

- Business Reengineering[4],
- Lean Management[5],
- Informationstechnologie[6].

Alle drei Ansätze weisen Überschneidungen auf, beschäftigen sich allerdings mit unterschiedlichen Schwerpunkten. Nur wenig Beachtung findet allerdings die Frage, wie industrielle Unternehmen mit dem Risiko aus den oben beschriebenen Veränderungsprozessen umgehen sollen. Wir kommen auf diese Frage noch zurück. Betrachten wir jedoch zunächst die oben genannten Ansätze etwas genauer:

3.1 Business Reengineering

Das Business Reengineering nimmt im wesentlichen die Gestaltung der Ablauforganisation wieder auf. Neu sind folgende Aspekte:

- eine klare Orientierung der Abläufe an Geschäftsprozessen,
- Delegation von Verantwortung an den Prozeß,
- Abbau von Hierarchieebenen.

Die Geschäftsprozesse sind häufig unscharf definiert und z.T. nach wie vor an Funktionen orientiert. Business Reengineering denkt überwiegend in Teilprozessen und *nicht ganzheitlich*.

Die Informationstechnologie wird als Instrument weiterer Rationalisierung von Abläufen verstanden. Die Aufgabe der Integration wird hier jedoch nur unzureichend gelöst. Eine integrierte Informationsstruktur ist jedoch zwingend notwendig, wenn Hierarchieebenen reduziert werden sollen. Hierauf wird später vertiefend einzugehen sein.

Die Strukturen der Prozesse werden „top-down" vorgegeben. Eine selbstlernende und selbstgestaltende Organisation am Prozeß wird zwar angesprochen, die wesentlichen Elemente werden jedoch nicht vertieft und die notwendigen Voraussetzungen hierfür nicht geschaffen. Der Versuch, Verantwortung an den Prozeß zu delegieren, muß scheitern, da nur unzureichende Gestaltungsmöglichkeiten zugelassen werden und mentale Prozesse für Mitarbeiter am Prozeß unberücksichtigt bleiben.

Die Ziele des Business Reengineering konzentrieren sich primär auf:

- Rationalisierung und
- Erhöhung der Geschwindigkeit von Abläufen.

Als Fazit läßt sich festhalten: Der Ansatz der Prozeßorientierung geht zwar in die „richtige Richtung", jedoch führt die Vorgehensweise des Business Reengineering insbesondere in Verbindung mit komplexen Informationssystemen zu neuen, festgefügten Ablaufstrukturen, die einen ständigen Anpassungs- und Veränderungsprozeß *nicht* zulassen.

3.2 Lean Management

Lean Management wird in der Literatur in der Regel als eine Zusammenfassung folgender bekannter und weitgehend praktizierter Ansätze aus der japanischen Managementphilosophie dargestellt:

- Simultaneous Engineering,
- Total Quality Management,
- Just in Time,
- Kundenorientierung.

Dabei wird der wichtigste und tatsächlich neue Ansatz, auf den es sich zu konzentrieren gilt, verwischt, nämlich die *Revitalisierung des Unternehmens durch den Menschen*, d.h. die Aktivierung von Fähigkeiten und Möglichkeiten der Mitarbeiter, die in den „klassischen" funktionsorientierten Strukturen ungenutzt bleiben.

Revitalisierung heißt:

- Dezentralisierung von Verantwortung an den Prozeß,
- Schaffen von Handlungsspielräumen durch Abbau von Hierarchieebenen,
- Gestaltung der Abläufe / Prozesse mittels Selbstorganisation.

Lean Management stimmt damit im Kern mit dem Ansatz der *flexiblen Unternehmensführung* überein. Vernachlässigt wird aber, daß vor der Dezentralisierung von Verantwortung an den Prozeß dieser zunächst selbst zu gestalten ist und insbesondere segmentiert werden muß, um überschaubare Verantwortungseinheiten zu schaffen.[7] In dem Lean Management-Ansatz spielt die Informationstechnologie eine eher untergeordnete Rolle. Lediglich Warnecke und Pfeiffer/Weiss[8] stellen die bisherigen Systemlösungen in Frage und weisen darauf hin, daß Systeme in Zukunft dezentralisiert am Prozeß strukturiert und einfach gestaltet sein müssen, um sie leicht an Veränderungen der Prozesse anpassen zu können. Die Rolle der Information als integrierendes Element zwischen segmentierten Geschäftsprozessen wird aber bisher nicht ausreichend berücksichtigt.

3.3 Informationstechnologie

In der *Informationstechnologie* haben die traditionellen Systementwicklungen in eine Sackgasse geführt[9]:
- Die Systeme sind grundsätzlich funktionsorientiert.
- Die Systeme wurden immer komplexer, der Änderungsaufwand in Kosten und Zeit ist ständig gestiegen. Zudem sind sie kaum flexibel.
- Neuentwicklungen benötigen extrem viel Zeit und Kosten.
- Der Anwendernutzen steht in keinem Verhältnis zum Aufwand.
- Informationen sind funktionsübergreifend nicht kompatibel (unterschiedliche Inhalte), was zu einem Informationschaos führt. Mit anderen Worten:

Wir ertrinken in Informationen und dürsten nach Wissen[10].

- Die Informationen sind funktionsübergreifend in ihren Beziehungen nicht verknüpft.

Mittlerweile sind Lösungsansätze erkennbar, die die Informationstechnologie aus dieser Sackgasse herausführen können. Insbesondere sind dies[11]:

- objektorientierte Datenbanken und Programmiersprachen,
- die Entwicklung von Unternehmensdatenmodellen,
- Spezifikationssprachen,
- bessere Bedieneroberflächen,
- „Down-Sizing".

Ziel dieser Entwicklungen ist es,

- das angedeutete Informationschaos zu verhindern,
- den Aufwand für die Maintenance von Systemen drastisch zu reduzieren,
- den Aufwand für Systemneuentwicklungen drastisch zu reduzieren,
- die Flexibilität von Systemen zurückzugewinnen,
- das Handling mit den Systemen zu vereinfachen und
- das Verhältnis von Aufwand und Anwendernutzen zu einem Gleichgewicht zu führen.

Obwohl diese Entwicklungen nur das Dilemma der traditionellen Informationstechnologie auflösen sollen, sind sie im Kern auch geeignet, Prozesse der flexiblen Unternehmensführung zu unterstützen, wie später auszuführen sein wird.

3.4 Ziel: Ganzheitliches Konzept

An den bisherigen Überlegungen ist deutlich geworden, daß es in Zukunft vor allem darum gehen muß, die vielfältigen Ansätze zu einem *ganzheitlichen Konzept von Prozeß, Mensch und Information* zusammenzufassen, und zwar mit den Zielen,

- die Tätigkeiten am Prozeß dramatisch zu vereinfachen (Reengineering-Ansatz),
- Möglichkeiten einer schnellen Anpassung der Prozesse an ein verändertes Umfeld zu schaffen, und zwar über kurze und unmittelbare Entscheidungswege (Humanansatz),
- die Informationstechnologie so zu strukturieren, daß sie als Instrument der Integration von Prozeßschritten dient,
- die Informationstechnologie zur Unterstützung dezentraler Entscheidungsträger einzusetzen und
- formalisierte Planungsansätze aufzugeben und durch ein bewußtes Risikomanagement zu ersetzen.

Gelingt dieser ganzheitliche Ansatz, werden nicht nur die Chancen der *flexiblen Unternehmensführung* genutzt, in der Folge sind auch dramatische Kostenreduzierungen und Erhöhungen der Aktionsgeschwindigkeiten zu erwarten. Anders ausgedrückt:

Der Traum von operativer Exzellenz entwickelt sich zu einem erreichbaren Ziel.

Im folgenden werden die vier Kernelemente des ganzheitlichen Ansatzes - Prozeß, Mensch, Information und Risikomanagement - vertiefend behandelt.

4. Der Weg zu einem ganzheitlichen Ansatz der flexiblen Unternehmensführung

4.1 Umdenken von funktions- zu prozeßorientierten Strukturen

4.1.1 Ausgangspunkt

Ziel aller operativen Prozesse muß es sein, Produkte zu verkaufen und aus den Erlösen Cash-flow sowie Gewinn zu generieren, um damit schließlich den Unternehmenswert zu steigern.

Der traditionelle Ansatz funktionsorientierter Strukturen beinhaltet folgende Aspekte:

- Der Prozeß wird als eine Vernetzung von hochspezialisierten Funktionen gestaltet.
- Die Integration der Funktionen erfolgt über zahlreiche Hierarchieebenen.
- Kompetenz und Verantwortung werden in den Hierarchieebenen nach oben konzentriert.
- Eine ganzheitliche Sicht über den Gesamtprozeß entsteht, wenn überhaupt, nur auf der obersten Hierarchieebene.
- Auf allen Hierarchieebenen werden operative und strategisch-konzeptionelle Aufgaben vermischt.

Die umseitig dargestellte Abbildung 1 zeigt den typischen Aufbau funktionsorientierter Strukturen.

Unter „Operation" wird eine Summe von hochspezialisierten Tätigkeiten verstanden, die z.T. direkt am Prozeß durchgeführt werden. Sie wird unterstützt von:

- Zentralfunktionen wie Controlling, Planung und Personalwesen, die permanent in die Operation eingreifen, und
- Stäben, die ebenfalls ständig über die Hierarchie auf die Operation einwirken.

Diese unterstützenden Funktionen erzeugen eine Vielzahl von zusätzlichen Schnittstellen und erhöhen auf diese Weise den Abstimmungs- und Integrationsaufwand. Keine der Funktionen überblickt die Auswirkungen ihrer Tätigkeit auf den Gesamtprozeß.

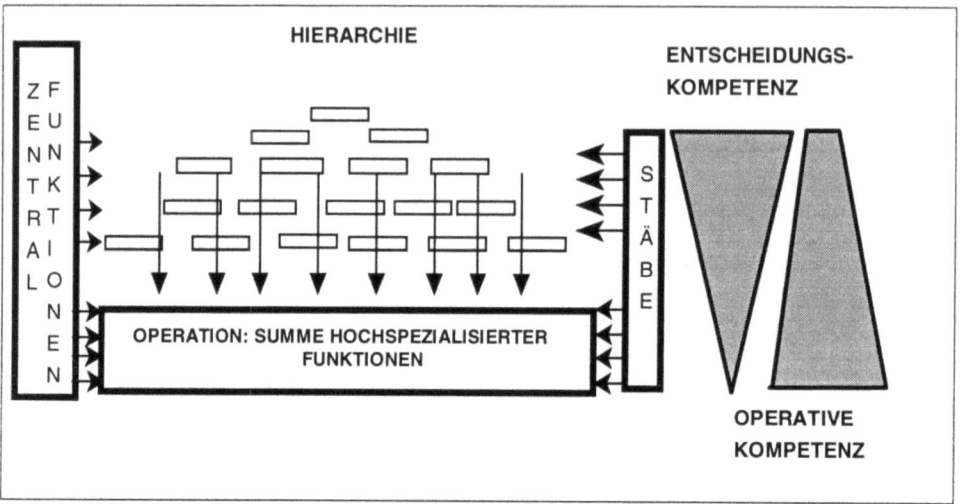

Abb. 1:   Aufbau funktionsorientierter Strukturen

Die Entscheidungs- und Strategiekompetenz ist mit stark abnehmendem Einfluß über alle Hierarchieebenen verteilt. Die operative Kompetenz nimmt zwar ebenfalls in Richtung höherer Hierarchieebenen ab, allerdings deutlich abgeschwächter gegenüber der Zunahme an Entscheidungs- und Strategiekompetenz.

In einem *prozeßorientierten Ansatz* wird die Operation ebenfalls als ein Ablauf von Tätigkeiten verstanden, im Gegensatz zu dem funktionsorientierten Ansatz allerdings unter Auflösung der hochspezialisierten Funktionen und deren Integration zu einem Prozeß. Alle Tätigkeiten orientieren sich konsequent an dem Prozeßziel.

Wegen der Komplexität unternehmerischer Abläufe muß aber auch im prozeßorientierten Ansatz von verschiedenen Prozeßebenen ausgegangen werden.

4.1.2 Prozeßebenen

Die Kernprozesse umfassen alle Tätigkeiten, die unmittelbar in Richtung Prozeßziel operieren. Hierunter ist auch die Mehrzahl der unterstützenden Funktionen aus dem funktionsorientierten Ansatz zu verstehen. Nur bei oberflächlicher Betrachtungsweise sind Ähnlichkeiten mit traditionellen Strukturen erkennbar. Der wesentliche Unterschied liegt in folgenden Aspekten begründet:

- maximale Zusammenfassung von Funktionen zu Ablaufkomplexen in der Operation,

- dadurch Vereinfachung der Kommunikation und Vermeidung von Schnittstellen,
- Eliminierung von „Umwegen" in den Abläufen und damit eine bessere Ausrichtung aller Tätigkeiten in Richtung auf das operative Ziel,
- daraus folgend auch eine Vereinfachung der Abläufe,
- Schaffung von Handlungsspielräumen am Prozeß.

Für jedes industrielle Unternehmen lassen sich damit *zwei elementare Kernprozesse* definieren:

- den *Marktbearbeitungsprozeß*, der im wesentlichen die traditionellen Funktionen Produktentwicklung, Marketing und Vertrieb umfaßt, und
- den *Marktversorgungsprozeß*, der die traditionellen Funktionen Materialbeschaffung, Produktion und Distribution beinhaltet.

Es verbleiben einige *unterstützende Prozesse*, die nicht vollständig in die Kernprozesse integriert werden können, da sie prozeßübergreifende Aufgaben darstellen. Sie schaffen Voraussetzungen für die Integration einzelner Prozeßschritte. Im wesentlichen sind dies Planung, Controlling, Personalwirtschaft und Information. Die Inhalte der unterstützenden Prozesse verändern sich allerdings nachhaltig. Voraussetzungen schaffen heißt hier, Informationen bereitzustellen, mit deren Hilfe die Operation selbständig handeln kann. Es heißt *nicht*, direkt in den Prozeß einzugreifen, um zusätzliche Verwirrung zu schaffen.

Die Planung muß neben der Prognose des Bedarfes, den der Kernprozeß zu erfüllen hat, vor allem die Risiken der Veränderungen des unternehmerischen Umfeldes erkennen, um dem Kernprozeß eine rechtzeitige Anpassung zu ermöglichen. Dieses Risikomanagement muß in der Philosophie der flexiblen Unternehmensführung eine wesentliche Rolle spielen. In Abschnitt 5 wird daher dieses Thema vertiefend behandelt.

Für das Controlling[12] tritt die reine Kontrollfunktion in den Hintergrund. Neue Schwerpunkte werden die folgenden Aufgaben bilden:
- Übersetzen des Rahmens, der von der strategisch-konzeptionellen Ebene für den Kernprozeß festgelegt wird (siehe unten), in Vorgaben für diesen Prozeß;
- Erarbeiten von Meßwerten für den Kernprozeß, mit deren Hilfe der Prozeß eigenverantwortlich gesteuert und kontrolliert werden kann;

- Bereitstellung von Informationen, damit integrierte Funktionskomplexe die Auswirkungen ihrer Entscheidungen auf den Gesamtprozeß bewerten können;
- Gewinnung von Informationen, die frühzeitig mögliche Abweichungen von einem ursprünglich unterstellten unternehmerischen Umfeld erkennen lassen und die im Sinne der *flexiblen Unternehmensführung* notwendigen Anpassungen der Prozesse ermöglichen.

Die *Personalwirtschaft* als unterstützender Prozeß konzentriert sich im wesentlichen auf die Gestaltung der Tarifpolitik sowie die Führung der unten beschriebenen mentalen Prozesse. Über die Inhalte der *Informationstechnologie* wird später vertiefend zu sprechen sein. Die Kern- und die unterstützenden Prozesse werden überlagert von einer strategischen Ebene, die den Rahmen festlegt, in dem die Kernprozesse eigenständig handeln, entscheiden und anpassen können. Die strategische Ebene kann in dieser Denkweise nur ganzheitlich strukturiert sein, eine Untergliederung in spezialisierte Funktionen ist nicht mehr vorstellbar. Die Kommunikation über die verschiedenen Ebenen hinweg wird über Zielprozesse instrumentalisiert.

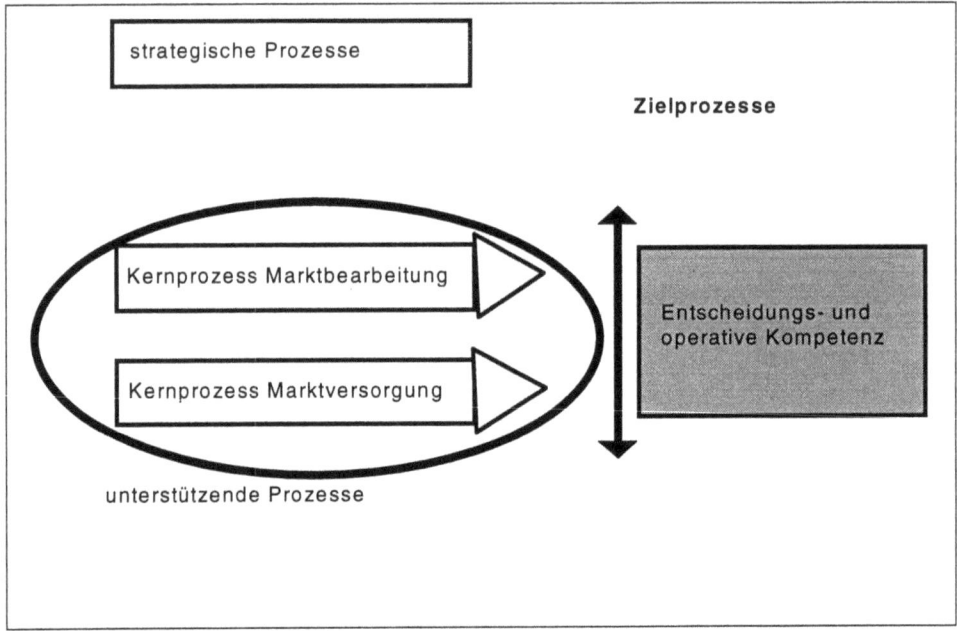

Abb. 2: Aufbau prozeßorientierter Strukturen

4.1.3 Prozeßsegmentierung

Mit Ausnahme der strategischen Ebene gilt für alle Prozeßebenen das Ziel einer maximalen Integration von Funktionen im Kernprozeß, um Tätigkeitskomplexe für einzelne Mitarbeiter oder Teams zu bilden, die eigenverantwortlich durchgeführt werden können. Da dies ganzheitlich für die Kernprozesse nicht darstellbar ist, müssen diese im Sinne einer optimalen Integration von Funktionen *segmentiert* werden.

Kriterien einer solchen Segmentierung können sein:
- Regionen,
- Kunden,
- Produkte,
- Technologien, technologische Prozeßschritte, Maschinengruppen.

Entscheidend ist, daß sowohl jeder Kernprozeß als auch die einzelnen Prozeßschritte nach *unterschiedlichen Kriterien segmentiert* werden können[13], z.B.

- das Verkaufen nach Regionen und/oder Kunden,
- das Entwickeln nach Produkten,
- das Produzieren nach Technologieschritten, Produktgruppen und/oder Maschinengruppen,
- das Distribuieren nach Kunden und/oder Regionen.

Natürlich ist auch eine Vielzahl anderer Zuordnungen vorstellbar.

Die unterstützenden Prozesse erfüllen eine übergreifende Aufgabe für die übrigen Prozeßsegmente und Kernprozesse. Sie müssen darüber hinaus den strategisch konzeptionellen Rahmen aus der strategischen Ebene für die Kernprozesse „übersetzen". Eine Segmentierung analog zu den Kernprozessen verbietet sich damit. Hier ist eine Gliederung nach Funktionen wie Planung, Controlling, Personalfragen und Information vorstellbar, ohne allerdings in die traditionelle hochgradige Spezialisierung zurückzufallen, die eine Gesamtsicht wieder verstellen würde. Auf der strategischen Ebene ist eine Segmentierung nicht vorstellbar, da hier eine ganzheitliche Betrachtungsweise unabdingbar ist.

Es wird deutlich, daß ein prozeßorientierter Ansatz *alle* traditionellen Unternehmensstrukturen in Frage stellt und verändern muß. Auf der strategisch-konzeptionellen Ebene darf es wegen der ganzheitlichen Betrachtungsweise keine Spezialisierung mehr geben. Bereichs- und Abteilungsstrukturen werden zugunsten von Prozeßsegmenten aufgelöst; die funktionelle Hierarchie verliert ihre Berechtigung, da es keine spezialisierten Funktionen mehr zu integrieren gibt.

Das Ziel, Tätigkeiten an Prozeßsegmenten zu integrieren und Handlungsspielräume zu schaffen, um den Kernprozeß schneller und beweglicher zu machen, bedeutet stets, diese Tätigkeiten auf einzelne Menschen oder Teams zu konzentrieren. Dies führt zwangsläufig zu dem zweiten Element einer flexiblen Unternehmensführung: der *Humanzentrierung*.

4.2 Humanzentrierung als zentrales Element der flexiblen Unternehmensführung

Die *Revitalisierung des Unternehmens* durch den Menschen ist das wichtigste Element der flexiblen Unternehmensführung. Die Prozeßorientierung schafft hierfür lediglich die Voraussetzungen. Die Ansätze des Business Reengineering haben zwar die richtige Richtung aufgezeigt, sind allerdings im Vorfeld stehengeblieben.

Entkleidet man den Ansatz des Lean Management von den schon seit längerem praktizierten Techniken, so bleibt die *Humanorientierung* als logische Fortsetzung der Prozeßorientierung übrig. Die Fokussierung auf japanische Ansätze ist in diesem Punkt müßig, da es gilt, Kreativität und Engagement *unserer* Mitarbeiter in unserem Kulturraum zu aktivieren. Dies setzt zwingend andere Vorgehensweisen voraus.

Unser *traditionelles System* ist geprägt von Mißtrauen in die Fähigkeiten der Mitarbeiter[14]:

- Kreativität und eigenverantwortliches Handeln werden erst mit aufsteigender Hierarchie gefordert.
- Am Prozeß sind solche Eigenschaften nicht erwünscht und werden von der Hierarchie unterdrückt.
- Hochspezialisierte Mitarbeiter arbeiten weisungsgebunden vorgeschriebene Tätigkeiten ab.

Diesem System steht ein Menschenbild gegenüber, das sich in der westeuropäischen Wirtschaftsregion zunehmend herauskristallisiert:

- Die Mitarbeiter verfügen in der Regel über eine gute Ausbildung und Qualifikation.
- Es gibt einen wachsenden Trend zu individualisierten Verhaltensweisen.

- Es findet eine Polarisierung von Verhaltensweisen zwischen Betrieb und Freizeit statt. Während der Mitarbeiter im Betrieb weisungsgebunden „mechanistisch" arbeitet, ohne sich für seine Tätigkeit verantwortlich zu fühlen, nutzt er seine Kreativität und sein Bestreben nach eigenständigem Handeln in seiner Freizeit für Hobbys oder Nebentätigkeiten.

Einer Nutzung dieser Fähigkeiten im Interesse des Unternehmens stehen heute noch systembedingte Behinderungen entgegen.

Die Aktivierung menschlicher Ressourcen ruht dagegen auf drei Säulen:

- Über einen *mentalen Prozeß* müssen die Mitarbeiter für neue Verhaltensweisen geöffnet werden.
- Über zusätzliche *Ausbildung* müssen sich die Mitarbeiter von hochspezialisiertem zu multifunktionalem Wissen weiterentwickeln.
- An den Prozessen müssen *Handlungsspielräume* geschaffen werden, damit Verantwortung wirkungsvoll delegiert werden kann.

Der mentale Prozeß hat wiederum drei Schwerpunkte zu berücksichtigen:
- Direkt am Prozeß geht es um die Wiederaufnahme der latent vorhandenen Bedürfnisse nach eigenständigem Handeln und Mitverantwortung. Die Inhalte der mentalen Veränderung lassen sich auf die folgende Formel zurückführen:

Was geben die Mitarbeiter? Sie bringen sich selbst ein!
Was nehmen die Mitarbeiter? Sie nehmen sich Rechte!

- Schwieriger gestaltet sich dieser Prozeß auf den mittleren Hierarchieebenen. Die Führungskräfte verlieren ihren Status und ihre Weisungsbefugnis, sie finden sich in integrierten Teams wieder. Sie müssen lernen, ihre Bedeutung und Selbstwertgefühl aus der Aufgabe herzuleiten und nicht aus ihrer Stellung in der Hierarchie.
- Schließlich muß Teamfähigkeit trainiert werden, d.h. gemeinsam Verantwortung zu übernehmen und zu tragen, eine Fähigkeit, die in traditionellen Hierarchieebenen verlorengegangen ist. Auch die Teamfähigkeit läßt sich auf eine einfache Formel reduzieren:

Wie gehen Mitarbeiter miteinander um?

Es gilt ein Klima zu erzeugen, in dem es Freude macht, eigenständig zu handeln.

An dieser Stelle soll ausdrücklich einigen Veröffentlichungen widersprochen werden, die empfehlen, mittels Prämien („Verteilung des Kuchens") die Bereitschaft zu diesen mentalen Prozessen zu erhöhen[15]. Erkaufte Verhaltensweisen wirken nur kurzfristig, leiten sich aus traditionellen Ansätzen der Motivation her[16] und führen zu einer immer ausgeprägteren Forderungsmentalität. Ein solcher Versuch verstellt darüber hinaus den Blick dafür, daß es letztlich darum geht, einen *langfristigen Prozeß* der Veränderung und ständiger Anpassung an veränderte Umfeldbedingungen zu initiieren.

Es gilt, die Faszination der Aufgabe in den Vordergrund zu stellen.

Die Rolle der *Ausbildung* in einem solchen Konzept der Humanzentrierung wird häufig unterschätzt. Eine Integration von Tätigkeiten am Prozeß sowie die Übernahme gemeinsamer Verantwortung von den Prozeßsegmenten setzt zwingend voraus, daß die Mitarbeiter *funktionsübergreifend* ausgebildet sind. So muß in der Produktion z.B. ein Maschinenbediener auch Qualitätskontrollen oder Maschinenreparaturen vornehmen, ein Handwerker auch Ersatzteile disponieren können. In der Logistik muß ein Mitarbeiter im Rahmen der Auftragsabwicklung sowohl Aufträge annehmen als auch in den Produktionsplan integrieren und die Distribution der Ware veranlassen können. Multifunktionalität seitens der Mitarbeiter ist eine elementare Voraussetzung für die Verwirklichung des Konzeptes der Humanzentrierung.

Die dritte Säule der Aktivierung menschlicher Ressourcen ist, an den Prozeßsegmenten *Handlungsspielräume* zu schaffen. Die mentalen Prozesse können nur glaubwürdig geführt werden, wenn es gelingt, diese Spielräume zu gestalten und Eigenverantwortung zuzulassen. Entscheidendes Hindernis hierfür sind die traditionellen Hierarchieebenen, die dies aus ihrem Selbstverständnis heraus verhindern müssen.

Die Diskussion um eine Reduzierung der Hierarchieebenen im Rahmen von Lean Management hat daher nur vordergründig das Ziel der Rationalisierung und des Abbaus von Schnittstellen. Bei näherer Betrachtung zeigt sich, daß es hier vielmehr um elementare Voraussetzung für eine Revitalisierung von Unternehmen durch den Menschen geht.

Theoretisch reichen zwei Hierarchieebenen aus, um ein Unternehmen erfolgreich zu führen, und zwar

- eine *Leitungsebene* (strategische Ebene), die Zielprozesse führt und konzeptionell den Rahmen für Handlungsspielräume an den Prozeßsegmenten festlegt, und
- eine *Prozeßebene*, die die Operation eigenverantwortlich führt.

Die unterstützenden Prozesse zählen in diesem Verständnis nicht zu den Hierarchieebenen, da ihnen keine Weisungsbefugnis und Entscheidungskompetenz zugeordnet wird.

Solange die Informationstechnologie, wie unten noch vertiefend ausgeführt wird, eine Integration der Prozeßsegmente nicht zu leisten vermag, muß diese durch eine dritte Ebene, eine *Koordinationsebene*, ergänzt werden. Diese Ebene hat im Grundsatz keine Weisungsbefugnis, sondern die Aufgabe,

- Prozeßsegmente mit segmentübergreifenden Informationen zu versorgen,
- zwischen den Segmenten zu koordinieren und
- die Segmente bei schwierigen, übergreifenden Problemen zu unterstützen.

Für Mitarbeiter auf dieser Koordinationsebene stellt sich eine neue Führungsaufgabe: Führen ohne Weisungsbefugnis, sondern nur durch Sachkompetenz (siehe obige Ausführung zum Thema „mentale Prozesse").

Zusammenfassend bleibt festzuhalten, daß neben einer Bewußtseinsänderung auch eine System-/Strukturänderung herbeigeführt werden muß, um vorhandene menschliche Ressourcen zu aktivieren und eine Entfaltung im hierarchiefreien Raum zuzulassen. Es sei an dieser Stelle darauf hingewiesen, daß auf dem Weg zu den angestrebten Zielen noch eine Vielzahl von Problemen zu lösen ist. Beispielhaft seien hier nur Fragen des Entgeltes genannt. Da Tätigkeiten im Team nicht mehr eindeutig abgrenzbar und Einzelpersonen zuzuordnen sind, passen sie auch nicht mehr in bestehende Vergütungssysteme, die in der Regel von Arbeitsplatzbeschreibungen und hierfür erforderliche Qualifikationen ausgehen.

Ein weiteres Kernproblem soll im folgenden vertieft werden: Eine Integration der Prozeßsegmente über die Information ist z.Zt. nicht darstellbar. Integration heißt, an den Prozeßsegmenten übergreifende Informationen bereitzustellen, um die Auswirkungen der segmentbezogenen Tätigkeiten und Entscheidungen *auf die gesamte Prozeßkette* bewerten zu können.

4.3 Information als integrierendes Element zwischen den Prozeßsegmenten

Die Aufgabe der Information als integrierendes Element wird in Literatur und Praxis häufig unterschätzt und zu oberflächlich behandelt. Lediglich Warnecke und Pfeiffer/Weiss[17] weisen auf diesen Sachverhalt hin, ohne ihn allerdings zu vertiefen. Wie bereits oben ausgeführt, haben die traditionellen Systementwicklungen der Informationstechnologie in eine Sackgasse geführt[18]:

- Die Systeme sind funktionsorientiert und zentralistisch angelegt.
- Informationen werden folglich ebenfalls funktions- und nicht prozeßorientiert mit ihren jeweiligen Interdependenzen dargestellt.
- Dies führt zu dem bereits angesprochenen Informationschaos. Die Systeme sind zu starr und unflexibel.

Unflexible Systeme stehen dem angestrebten permanenten Veränderungsprozeß entgegen.

Eine *flexible Unternehmensführung* stellt an die Informationstechnologie dagegen folgende Anforderungen:

- Es müssen Leistungsdaten bereitgestellt werden, die die Effizienz sowohl von Prozeßsegmenten als auch des Gesamtprozesses beschreiben. (Die prozeßorientierte Kostenrechnung z.B. steht hier vor zusätzlichen Herausforderungen).
- Es müssen Informationen bereitgestellt werden, die einerseits die Auswirkungen von Tätigkeiten und Entscheidungen eines Prozeßsegmentes auf den Gesamtprozeß, andererseits die Auswirkungen von Informationen des Gesamtprozesses auf die jeweiligen Segmente darstellen (Integration).
- Systeme müssen am Prozeßsegment einfach zu handhaben sein und schnell analog zum Veränderungsprozeß angepaßt werden können.
- An den Prozeßsegmenten müssen den Entscheidungsträgern Entscheidungshilfen bereitgestellt werden. In der Diskussion um Delegation von Entscheidungskompetenz an die Geschäftsprozesse wird häufig unterschätzt, daß die

neuen Entscheidungsträger nicht über die gleiche Erfahrung im Umgang mit Entscheidungsprozessen verfügen wie hierfür ausgebildete Manager. Eine Unterstützung an den jeweiligen Prozeßsegmenten ist daher unabdingbar.

Die Informationstechnologie hat Ansätze entwickelt, die das oben beschriebene Dilemma auflösen sollen. Dieses Instrumentarium, wenn auch aus anderem Grund konzipiert, reicht aus, um die integrierende Funktion der Information über Prozeßsegmente hinweg zu ermöglichen und die geforderte Flexibilität sicherzustellen.

Im folgenden sollen nicht die einzelnen Methoden dargestellt, sondern nur eine Wertung im Sinn einer flexiblen Unternehmensführung vorgenommen werden:

- *Objektorientierte Datenbanken* erlauben einen Zugriff auf Daten nur über Methoden und erzwingen auf diese Weise eine prozeßorientierte Anordnung der Informationen. Sie stellen damit Interdependenzen zwischen Einzelinformationen her.
- *Unternehmensdatenmodelle* stellen alle Geschäftsprozesse mit ihren Informationen und Abhängigkeiten dar.
- *Spezifikationssprachen* erlauben
    - einfache Zugriffe auf das Datenmodell und damit auch einfache Anpassungen von Geschäftsprozessen in den Datenbanken;
    - eine einfache Adaption von Systemen an veränderte Geschäftsprozesse.
- „Down-Sizing" ermöglicht eine Dezentralisierung nicht nur in der Verarbeitung von Daten, sondern auch in der notwendigen Systemanpassung.

Um das oben beschriebene Instrumentarium als integrierendes Element zwischen den Prozeßsegmenten einsetzen zu können, müssen die traditionellen Ansätze der Systementwicklung aufgegeben werden. Anstelle komplexer, funktionsorientierter und starrer Systeme müssen einfache, flexibel am Prozeß anpaßbare Systeme entstehen, die der prozeßorientierten Humanzentrierung gerecht werden.

Das Bereitstellen von Informationen am Prozeß allein reicht nicht aus, um eine flexible Unternehmensführung wirkungsvoll zu unterstützen. Es muß auch Hilfestellung gegeben werden, wie mit diesen Informationen umzugehen ist. Der *betriebswirtschaftliche Methodenpool* muß am Prozeß bereitgestellt werden, damit Entscheidungssituationen auch von hierin untrainierten Mitarbeitern bewältigt werden können. Dies gilt insbesondere für folgende Situationen:

- Veränderungen des Umfeldes bewerten,
- Auswirkungen auf Prozeß bzw. Prozeßsegment erkennen,
- notwendige Anpassungen strukturieren und durchführen.

Gegenwärtig ist die Bereitstellung von Entscheidungshilfen auf der Grundlage von ganzheitlichen Unternehmensdatenmodellen und des gesamten betriebswirtschaftlichen Methodenpools nicht einmal für die strategisch konzeptionelle Ebene gegeben. Es werden lediglich Lösungen für Einzelfragestellungen, nicht jedoch ganzheitliche Ansätze angeboten.

Diese Situation geht auf zwei Ursachen zurück:

- Aus der Praxis entsteht keine Nachfrage nach derartiger Unterstützung. Der traditionelle Manager orientiert sich vorzugsweise an seiner Intuition statt an wissenschaftlich basierten Analysen.
- Die Betriebswirtschaftslehre und hier insbesondere die Entscheidungstheorie gehen von einem falschen Verständnis von Entscheidungsprozessen aus.

Entscheidungen sind grundsätzlich keine einmaligen irreversiblen Akte, sondern weisen folgende Eigenheiten auf:

- Entscheidungen sind erste Weichenstellungen eines Prozesses ständiger Adaptionen von Ursprungsentscheidungen an ein sich ständig veränderndes Umfeld.
- Entscheidungen werden stets ganzheitlich unter Berücksichtigung aller Interdependenzen getroffen. Ein Optimum läßt sich ganzheitlich nicht darstellen.
- Ein Optimum verändert sich ständig mit der Veränderung der ursprünglich unterstellten Rahmenbedingungen.
- Entscheidungskriterien müssen sich sowohl an den vielschichtigen Zielsystemen der Unternehmen als auch an der individuellen Risikobereitschaft der jeweiligen Entscheidungsträger orientieren.

Im Gegensatz zu diesen Grundforderungen sucht die Entscheidungstheorie nach wie vor nach dem absoluten Optimum. Um Probleme methodisch zugänglich und lösbar zu machen, werden sie simplifiziert - in der Hoffnung, die gefundene Lösung auf einen ganzheitlichen Ansatz übertragen zu können. Dieser Versuch ist im Zusammenhang mit Entscheidungsprozessen unzulässig und führt zu einem Verlust der Ganzheitlichkeit.

Entscheidungsprozesse können methodisch nur dann unterstützt werden, wenn

- auf die Suche nach dem absoluten Optimum verzichtet wird und dafür *sinnvolle Lösungen* unter dem Gesichtspunkt eines sich ständig verändernden unternehmerischen Umfeldes angestrebt werden;
- zu *ganzheitlichen Lösungen* zurückgefunden wird, da unternehmerische Entscheidungsprozesse nur ganzheitlich darstellbar sind.

Ein methodischer Lösungsansatz, der die oben beschriebenen Forderungen erfüllt, ist die verstärkte Weiterentwicklung von wissensbasierten Systemen, deren Einsatzmöglichkeiten in jüngster Vergangenheit jedoch zunehmend in Frage gestellt werden. Die einzelnen Elemente solcher Systeme decken präzise die dargestellten Probleme ab:

- In der sogenannten Wissensbasis kann das *Unternehmensdatenmodell* abgelegt werden.
- Die *Inferenzkomponente* kann den betriebswirtschaftlichen Methodenpool bereitstellen.
- Die *lernende Komponente* erfaßt Veränderungen des unternehmerischen Umfeldes und ordnet diese in das Unternehmensdatenmodell ein.
- Die *Bedienerkomponente* erlaubt ein einfaches Handling direkt an den Geschäftsprozessen auch für nicht hochspezialisierte Entscheidungsträger.

Die oben beschriebenen Mechanismen der flexiblen Unternehmensführung können erst dann volle Wirkung zeigen, wenn es gelungen ist, die Information als

- *integrierendes* Element von Geschäftsprozessen und
- *unterstützendes* Element von Entscheidungsträgern, die an den Geschäftsprozessen beteiligt sind,

zu gestalten. Damit diese Vorgehensweise nicht zu einer Polarisierung in der Komplexität von Informationssystemen führt, ist folgendes zu beachten:

- Direkt am Prozeß sind Abläufe und Systeme zu dezentralisieren und stark zu vereinfachen,
- im Hintergrund werden diese durch sehr komplexe Datenmodelle und Systeme unterstützt.

Kommen wir damit abschließend zu der Frage der Risikohandhabung im Rahmen der flexiblen Unternehmensführung.

5. Umgang mit dem Risiko im Rahmen einer flexiblen Unternehmensführung

Die Notwendigkeit einer flexiblen Unternehmensführung wurde aus dem Wandel im unternehmerischen Umfeld, der zunehmend an Dynamik gewinnt, hergeleitet. Eine Auseinandersetzung mit den sich aus diesem Wandel ergebenden Risiken in den Geschäftsprozessen findet in den unter Kapitel 3 dargestellten Ansätzen kaum statt, obwohl dieser Tatbestand sowohl in der Entscheidungstheorie[19] als auch in Veröffentlichungen zu Planungskonzepten[20] ausführlich behandelt wird.

Traditionelle Ansätze der Unternehmensführung versuchen, das Risiko aus dem unternehmerischen Umfeld mittels lang-, mittel- und kurzfristigen Planungen in eine künstliche Stabilität umzuwandeln. Dies ist unzulässig, da das Risiko dadurch nur scheinbar reduziert wird. Wegen der Bedeutung dieser Fragestellung für eine flexible Unternehmensführung wird darauf im folgenden näher eingegangen.

Der Umgang mit dem Risiko findet auf allen Prozeßebenen statt, und zwar in den folgenden Phasen:
- einer *Analysephase*, die dazu dient, die potentiellen Risiken zu erkennen;
- einer *Vorbereitungsphase*, in der an den Geschäftsprozessen sichergestellt wird, daß bei Eintritt der Risiken schnell reagiert werden kann;
- einer *Erkennungsphase*, in der das Eintreten von Risiken frühzeitig identifiziert wird;
- einer *Anpassungsphase*, in der die Geschäftsprozesse schnell an das neue Umfeld adaptiert werden.

Die *Analyse* von langfristig wirksamen Risiken findet auf der strategischen Ebene statt. Die Ergebnisse fließen in Entscheidungs- und Zielprozesse derart ein, daß eine einfache und schnelle Adaption an Veränderungen des relevanten Umfeldes möglich ist. Mittel- und kurzfristig wird diese Analyse mit Hilfe des unterstützenden Prozesses „Planung" durchgeführt und dem Kernprozeß als Information zur Verfügung gestellt. Der Kernprozeß entscheidet darüber, wie die Operation sich auf den möglichen Eintritt dieser Risiken vorbereiten soll. Diese *Vorbereitung* kann z.B. in der Bereitstellung zusätzlicher Flexibilität in Form von Produktionskapazitäten, Personal oder Beständen bestehen.

Entscheidend ist, daß der Eintritt des Risikos frühzeitig und unmittelbar *erkannt* wird. Der betriebswirtschaftliche Methodenpool stellt hierfür eine Vielzahl wirksamer Frühwarnsysteme zur Verfügung[21], die allerdings in der Praxis kaum zum Zwecke der Risikovorsorge genutzt werden.

Auf der strategischen Ebene bieten sich Trendanalysen an, die aufgrund der Langfristigkeit in der Regel nur auf „schwachen Signalen" beruhen, gleichwohl auf Änderungen der in der Strategie unterstellten Szenarien hinweisen.

Auf der unterstützenden Planungsebene lassen sich in der mittelfristigen Perspektive Prognosesysteme zur Feststellung von Veränderungen einsetzen.

Am Kernprozeß müssen Soll-Ist-Vergleiche z.B. von Auftragseingängen oder Verfügbarkeiten von Produktionsfaktoren angestellt werden. Hier findet letztlich die operative *Anpassung* der Geschäftsprozesse an alle eingetretenen Risiken statt. Eine wirksame flexible Unternehmensführung ist ohne die hier skizzierten Ansätze des Risikomanagements nicht vorstellbar.

6. Zusammenfassung

Die Aussagen des Business Reengineering und Lean Management, daß die Komplexität unternehmerischer Abläufe reduziert werde, ist falsch, und zwar aus zwei Gründen:

- Die Aufgabe der „künstlichen Stabilität" in den Planungsabläufen und die Akzeptanz des Risikos *erhöhen die Komplexität.*
- Das Verlassen traditioneller Organisationsstrukturen und bürokratischer Routinen *verursacht Instabilität* in und zwischen den am Prozeß dezentralisierten Verantwortungssegmenten.

Richtig ist, daß die Komplexität von Entscheidungs- und Kommunikationswegen aufgrund der *Reduzierung von Schnittstellen* reduziert wird. Dies ist auch zwingend notwendig, um die instabilen Organisationsstrukturen transparent zu halten.

Im Endeffekt findet also keine Reduzierung, sondern nur eine Verschiebung der Komplexität in Richtung Prozeß statt.

Das *strategische Ziel der flexiblen Unternehmensführung* wurde formuliert als Revitalisierung des Unternehmens, um Chancen aus der dynamischen und z.T. diskontinuierlichen Veränderung des unternehmerischen Umfeldes zu nutzen bzw. Risiken vermeiden zu können. Im Ergebnis werden die Geschwindigkeiten von Geschäftsprozessen drastisch erhöht sowie die Kosten reduziert.

Folgende Schwerpunkte lassen sich zusammenfassend festhalten:

- Vereinfachung von Abläufen durch Prozeßorientierung,
- Integration von Funktionen auf Menschen/Teams an Prozeßsegmenten,
- Gestaltung von Handlungsspielräumen an den Prozeßsegmenten mittels einer Aufbauorganisation, deren Struktur an die Geschäftsprozesse angepaßt ist,
- Definition neuer Inhalte für unterstützende Prozesse, z.B. in folgender Weise:
  - Der Planungsprozeß muß zunehmend das Risikomanagement beinhalten.
  - Das Controlling unterstützt im wesentlichen die Informationsbereitstellung.
  - Der Informationsprozeß findet nicht mehr in Form komplexer funktionaler Systeme statt.
- Gestaltung der Information als integrierendes Element von Geschäftsprozessen und als unterstützendes Element für Entscheidungsträger an den Geschäftsprozessen.
- Einbeziehung des Risikomanagements in die flexible Unternehmensführung, und zwar in Form von
  - Risikoanalysen,
  - Vorbereitung auf ein mögliches Eintreten von Risiken,
  - Risikofrüherkennung und
  - Durchführung von Anpassungsmaßnahmen.

Alles in allem soll der oben beschriebene Ansatz dazu beitragen, daß industrielle Unternehmen den Wandel besser und erfolgreicher bewältigen, als dies mit den traditionellen funktionsorientierten Organisationsstrukturen und isolierten Managementkonzepten der Fall ist.

Anmerkungen

1 Vgl. Naisbitt (1984).
2 Vgl. Martin (1992), Abschnitt A.
3 Vgl. Pfeiffer/Weiss (1994), S. 29 ff.
4 Vgl. Hammer/Champy (1994).
5 Vgl. Pfeiffer/Weiss (1994).
6 Vgl. Martin (1985).
7 Insbesondere bezüglich technologischer Prozesse befinde ich mich hier im klaren Widerspruch zu Vertretern des Lean Management, die fordern, von Investitionen in Hardware (Technologie, Maschinen) auf Investitionen in Menschen umzulenken. Es kann kein Zweifel daran bestehen, daß auch technologische Prozesse optimal strukturiert werden müssen, und dies erfordert zweifelsohne auch Investitionen. Man muß aber das eine tun, ohne das andere zu vernachlässigen.
8 Vgl. Warnecke (1993), S. 126 ff.; Pfeiffer/Weiss (1994), S. 240 ff.
9 Vgl. Martin (1985), S. 127 ff.
10 Naisbitt (1984), S. 41.
11 Vgl. z.B. Scheer (1995).
12 Vgl. Pfeiffer/Weiss (1994), S. 227 ff.
13 Diese Aussage steht im Widerspruch zu der klassischen Gliederung von Funktionen eines Unternehmens, die grundsätzlich einheitlichen Kriterien folgen sollte.
14 Vgl. Spenger (1995), S. 36 ff.
15 Vgl. u.a. Pfeiffer/Weiss (1994), S. 256 ff.
16 Vgl. Sprenger (1995), S. 61 ff.
17 Vgl. Warnecke (1995), S. 126 ff.; Pfeiffer/Weiss (1994), S. 240 ff.
18 Vgl. Martin (1992), Abschnitt B, S. 10 ff.
19 Vgl. hierzu z.B. Schneeweiß (1991).
20 Vgl. hierzu u.a. Mensch (1991).
21 Vgl. hierzu z.B. Rieser (1980).

Literaturverzeichnis

Doppler, K./Lauterburg, C. (1995): Change Management, Frankfurt/New York.
Hammer, M./Champy, J. (1994): Business Reengineering, Frankfurt.
Martin, J. (1985): Manifest für die Informationstechnologie von morgen, Düsseldorf/Wien.
Martin, J. (1992): The James Martin Documantation, ohne Ortsangabe.
Mensch, G. (1991): Risiko und Unternehmensführung, Frankfurt/Main.
Naisbitt, J. (1984): Megatrends, Bayreuth.
Pfeiffer, W./Weiss, E. (1994): Lean Management, Berlin.
Rieser, I. (1980): Frühwarnsysteme für die Unternehmenspraxis, München.
Scheer, A.-W. (1995): Wirtschaftsinformatik, Berlin/Heidelberg.
Schneeweiß, Chr. (1991): Planung 1 und 2, Heidelberg.
Sprenger, R. K. (1995): Mythos Motivation, Frankfurt/Main.
Warnecke, H.-J. (1993): Revolution der Unternehmenskultur, Berlin/Heidelberg.

Kulturbewußtes Management - Wandel von Unternehmensstrategie und Unternehmenskultur

Von Dr. Kai-Ingo Voigt, Hamburg

Inhaltsübersicht

1. Einführung: Management des Wandels
2. Die Interdependenz von Strategie und Kultur
3. Kulturbewußtes Management ist nicht "Kultur-Management"
4. Kulturwandel initiieren und fördern
   - 4.1 Diagnose der "Ist-Kultur"
   - 4.2 Konzipierung der "Soll-Kultur"
   - 4.3 Auswahl und Durchführung "kulturpolitischer" Maßnahmen
5. Abstimmung von Strategie und Kultur im Zeitablauf
6. Zusammenfassung

   Anmerkungen
   Literaturverzeichnis

1. Einführung: Management des Wandels

Es ist kaum bestreitbar, daß sich Unternehmen in einem immer stärkeren Maße mit Veränderungen des relevanten Umfeldes (Nachfrage, Wettbewerb, Beschaffungsmärkte, Gesetzgebung, sozio-kulturelles Umfeld usw.) konfrontiert sehen. So sind es derzeit vor allem die folgenden Entwicklungen, die das wirtschaftliche Umfeld deutscher Unternehmen prägen:

- zunehmende *Internationalisierung* der Güter- und Finanzmärkte durch die Entstehung großer Wirtschaftsräume; dies impliziert eine Verschärfung des Wettbewerbs und erfordert ein darauf abgestimmtes wirtschaftliches Denken und Handeln;

- *Trend zum Dienstleistungssektor*; man schätzt, daß im Jahr 2000 etwa dreiviertel aller Tätigkeiten auf Infrastruktur- und Dienstleistungsaufgaben entfallen;

- zunehmende Bedeutung der sogenannten *Schwellenländer* im Technologiewettbewerb, vor allem bei der Herstellung von Produkten mit Schlüsseltechnologien;

- weitere *Verkürzung der Produktlebenszyklen*; zugleich wachsende Nachfrage nach neuen, multimedialen Kommunikationstechniken usw.

Diese und andere Entwicklungen stellen die Unternehmen vor die Notwendigkeit, nahezu *permanent* Veränderungen in den Organisationsstrukturen und Prozessen, aber auch im Leistungsprogramm vornehmen zu müssen, um die Wettbewerbsposition unter den sich wandelnden Bedingungen behaupten und ausbauen zu können. Nicht der Zwang zur Veränderung an sich ist neu, wohl aber die Notwendigkeit des *ständigen Wandels*: Schon ein Unternehmen, das - sagen wir - in der Gründerzeit des vorigen Jahrhunderts tätig war, sah sich hin und wieder mit Diskontinuitäten konfrontiert (z.B. mit der 1873 beginnenden Depression, später mit den wirtschaftlichen Folgen des Ersten Weltkriegs, der Weltwirtschaftskrise); doch es konnte mit der einmal geschaffenen Struktur und der eingeschlagenen Strategie (insbesondere den ausgewählten Produktfeldern und Märkten) dennoch *jahre-, wenn nicht jahrzehntelang operieren*, ohne Grundsätzliches verändern zu müssen. Dies ist - wie schon gesagt - heute anders.

Der Wandel ist vom Ausnahme- zum Normalfall geworden. Management ist jetzt und in Zukunft nur als ein *Management des Wandels* denkbar.

2. Die Interdependenz von Strategie und Kultur

Dieser Wandel betrifft zunächst vor allem die *Strategie* des Unternehmens. Rein formal gesehen handelt es sich dabei um einen hochaggregierten und langfristigen Maßnahmenplan, der darüber Auskunft gibt, wie das Unternehmen in Zukunft die gesetzten Ziele zu erreichen gedenkt.[1] Inhaltlich besteht die Strategie vor allem aus Globalaussagen darüber,

- auf welchen Produkt- bzw. Dienstleistungsfeldern und Märkten das Unternehmen in Zukunft tätig werden oder bleiben möchte und auf welchen nicht,

- welche Maßnahmen zur Behauptung im Wettbewerb ergriffen werden sollen und

- wie die nur begrenzt verfügbaren Ressourcen, vor allem die finanziellen Mittel, auf die verschiedenen Unternehmens- bzw. Tätigkeitsbereiche aufzuteilen sind.

Daß die Strategie hierzu nur Globalaussagen, also *Rahmenentscheidungen* enthält, die als Prämissen bei allen nachfolgenden Entscheidungen berücksichtigt werden sollen, erklärt sich aus der Funktion der strategischen Planung als erste Stufe oder Ebene im Rahmen eines mehrstufigen (hierarchischen) Planungssystems, das in Abbildung 1 skizziert ist.

Da es nicht möglich (und wohl auch nicht ökonomisch sinnvoll) ist, in *einem* Zuge einen detaillierten Unternehmens*gesamt*plan zu erstellen, begnügt man sich damit, zunächst den *Rahmen* für die künftige Unternehmenstätigkeit abzustecken: Damit wird beispielsweise festgelegt, welche der bisher bearbeiteten Produktfelder aufgegeben/ gehalten/ ausgebaut werden und welche neuen Produkt- und Dienstleistungsfelder zum Portfolio hinzukommen sollen; welche Märkte künftig stärker zu bearbeiten sind (z.B. der osteuropäische Raum; der chinesische Markt) und aus welchen man sich zurückziehen sollte; an welchen Standorten produziert, in welche neuen Technologien investiert werden soll usw. Alle diese Vorgaben zeichnen sich durch einen hohen Aggregationsgrad aus und implizieren jeweils eine Vielzahl konkreter Maßnahmen.

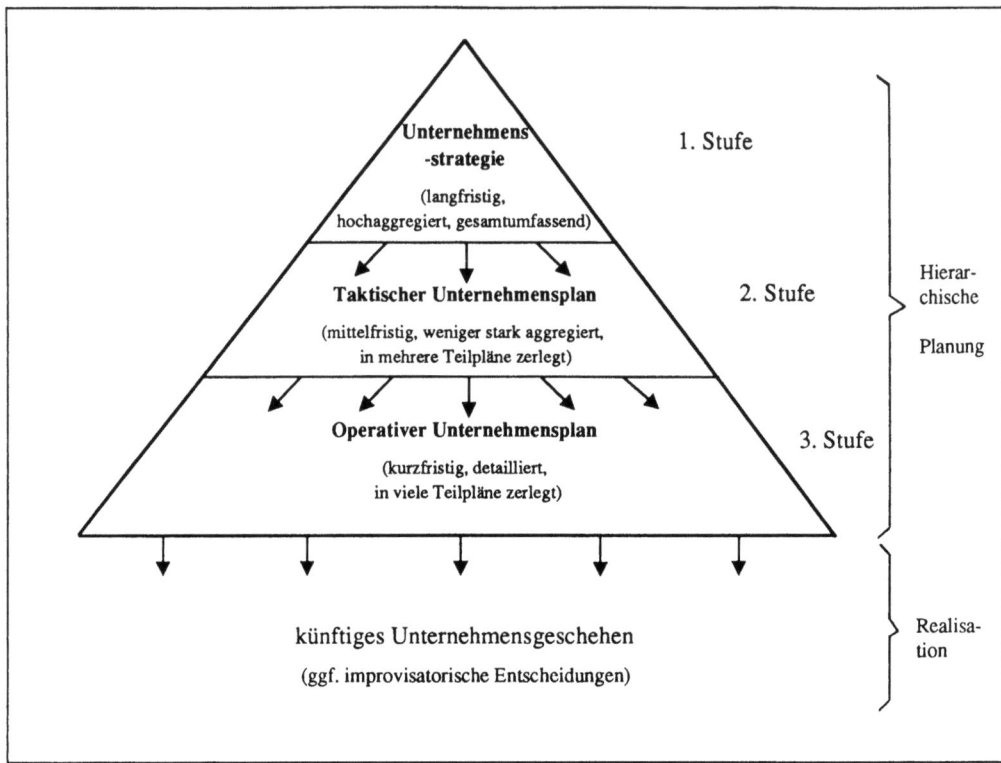

Abb. 1:   Die Unternehmensstrategie im System der hierarchischen Planung

Folglich müssen diese Grundsatzentscheidungen, um sie in die Tat umsetzen zu können, zunächst auf den nachfolgenden Ebenen (taktische und operative Planung) in detaillierte, konkret ausführbare Handlungsanweisungen "heruntergebrochen" werden (z.B. in verbindliche Produktionspläne, konkrete Marketingvorgaben usw.), wobei - wie in Abbildung 1 angedeutet - bis zur *Realisation* der Pläne bzw. Vorgaben stets noch ein bestimmter Entscheidungsspielraum verbleibt, der unmittelbar vor der Ausführung, also *improvisatorisch* ausgefüllt wird.

An dieser Stelle - bei der Umsetzung der Strategie in konkrete Handlungen - rückt die *Unternehmenskultur* in das Blickfeld der Betrachtung. Unter einer Unternehmenskultur versteht man ganz allgemein die "... Grundgesamtheit gemeinsamer Wert- und Normenvorstellungen sowie geteilter Denk- und Verhaltensmuster"[2], die sich *prägend* auf die Entscheidungen und Handlungen der Mitarbeiter im Unternehmen auswirken.

Diese Werte und Normen haben sich "... aus der Sicht der Gruppe als so erfolgreich erwiesen, daß sie neuen Mitgliedern der Gruppe als die richtige Wahrnehmung oder als das richtige Denken"[3] mitgeteilt werden. Fassen wir es noch kürzer, dann läßt sich sagen:

Unter "Unternehmenskultur" versteht man die Art und Weise, wie die Mitarbeiter im Unternehmen denken, reden und handeln.

Schon hier wird deutlich, daß die Unternehmenskultur für die Umsetzung der Strategie in konkretes Handeln von entscheidender Bedeutung ist: Während die Strategie grob festlegt, *was* künftig getan werden soll, um die gesetzten Ziele zu erreichen, hat die im Unternehmen "geltende" Kultur maßgeblichen Einfluß darauf, *wie* die Strategie in Detailpläne transformiert und schließlich "in die Tat" umgesetzt wird. Ob und in welchem Ausmaß ein Unternehmen erfolgreich ist (d.h. die gesetzten Ziele erreicht), hängt nicht nur von der Strategie, sondern auch von der Art und Weise ihrer Umsetzung ab, die wiederum entscheidend von der im Unternehmen "herrschenden" Kultur geprägt ist. Eine ehrgeizige, große Veränderungen implizierende Strategie kann aus noch darzulegenden Gründen scheitern, wenn sie mit der bestehenden Kultur des Unternehmens zu sehr in Konflikt gerät. *Deshpandé* und *Parasuraman* berichten von zwei Führungskräften aus der Mineralölbranche, die mit ihren Diversifikationsplänen - das Ölgeschäft sollte mittelfristig ganz aufgegeben werden - letztlich am Widerstand der Unternehmenskultur scheiterten, weil die Mitarbeiter auf einen derart gravierenden *Wandel des Kerngeschäfts* nicht vorbereitet worden waren und ihm deshalb ablehnend gegenüberstanden:

"Each of the CEOs has been unable to implement his strategy, not because it was theoretically wrong or bad but because neither had understood that his company's culture was so entrenched in the traditions and values of doing business as oilmen that employees resisted - and sabotaged - the radical changes that the CEOs tried to impose".[4]

Auf der anderen Seite wird eine Strategie, die durch die unternehmensindividuellen Werte und Normen *unterstützt* bzw. von einem adäquaten Kulturwandel begleitet wird, kongenial umgesetzt und erhält so eine besondere "Schlagkraft". Damit können wir festhalten: Die Erfolgswirksamkeit einer Strategie kann ohne Kenntnis der Kultur ebensowenig beurteilt werden wie der "Erfolgsfaktor Kultur" ohne Rückgriff auf die Strategie. Beide Faktoren, Kultur und Strategie, sind *erfolgsinterdependent.*[5]

Betrachten wir die Wirkung der Kultur bei der Umsetzung der Strategie noch etwas genauer: Wenn eine Strategie "an der Kultur scheitert", dann liegt es vor allem daran, daß

- die strategischen Vorgaben bzw. (Entscheidungs-)Prämissen auf den nachfolgenden Planungsebenen nicht oder nur widerstrebend oder mit erheblicher zeitlicher Verzögerung beachtet werden;

- die Strategie lust- oder einfallslos in Detailpläne "übersetzt" wird - z.B. weil es den Mitarbeitern an Innovationsgeist oder am notwendigen Gespür für die veränderten Kundenbedürfnisse mangelt (Denken in Stereotypen, Beschränkung auf die Erfolgsrezepte "von gestern");

- bei den Entscheidungen von einer inadäquaten Weltsicht, einer "falschen" Einschätzung der Umfeldbedingungen ausgegangen wird (z.B. Vernachlässigung der Globalisierungstendenzen im Wettbewerb);

- den Detailentscheidungen unpassende oder "veraltete" Wertmaßstäbe zugrunde gelegt werden (z.B. Vernachlässigung von Umweltschutzaspekten bei Investitionsentscheidungen oder eine nicht ausreichende Berücksichtigung von Kundenwünschen in der Produktentwicklung).

Sind Strategie und Kultur dagegen voll oder doch weitgehend aufeinander abgestimmt, dann kommen die positiven Effekte der Unternehmenskultur zum Tragen,[6] insbesondere

- die *Handlungsorientierung*: Die Unternehmenskultur bietet ein klar abgegrenztes Weltbild und schafft so eindeutige Orientierung für tägliche Entscheidungen - gerade da, wo formale Regeln *nicht* greifen.

- *reibungslose Kommunikation*: Man spricht, ohne daß es jemand angeordnet hätte, eine "gemeinsame Sprache" und versteht sich auch ohne viele Worte - ein Tatbestand, der z.B. Abstimmungsprozesse ungemein erleichtert.

- *schnelle Entscheidungsfindung*: Dank der gemeinsamen Wertvorstellungen wird man sich bei Problemen schnell einig und hat so u.U. einen erheblichen Zeitvorteil vor der Konkurrenz.

- *zügige Information*: Die Mitarbeiter sind schneller und besser informiert - gerade weil man nicht ausschließlich auf die "formalen" Kommunikationswege angewiesen ist.

- *hohe Motivation und Teamgeist*, denn die Strategie wird "verstanden" und akzeptiert, zuweilen sogar "... von einer Woge der Motivation, ja Begeisterung getragen".[7]

- *Stabilität und Zuverlässigkeit*: Da die Strategie mit den bisher geteilten Werten und Normen vereinbar ist, fühlen sich die Mitarbeiter bestätigt und im Unternehmen "gut aufgehoben", was sich letztlich auch in niedrigen Fehlzeiten und einer geringen Fluktuationsrate niederschlägt.

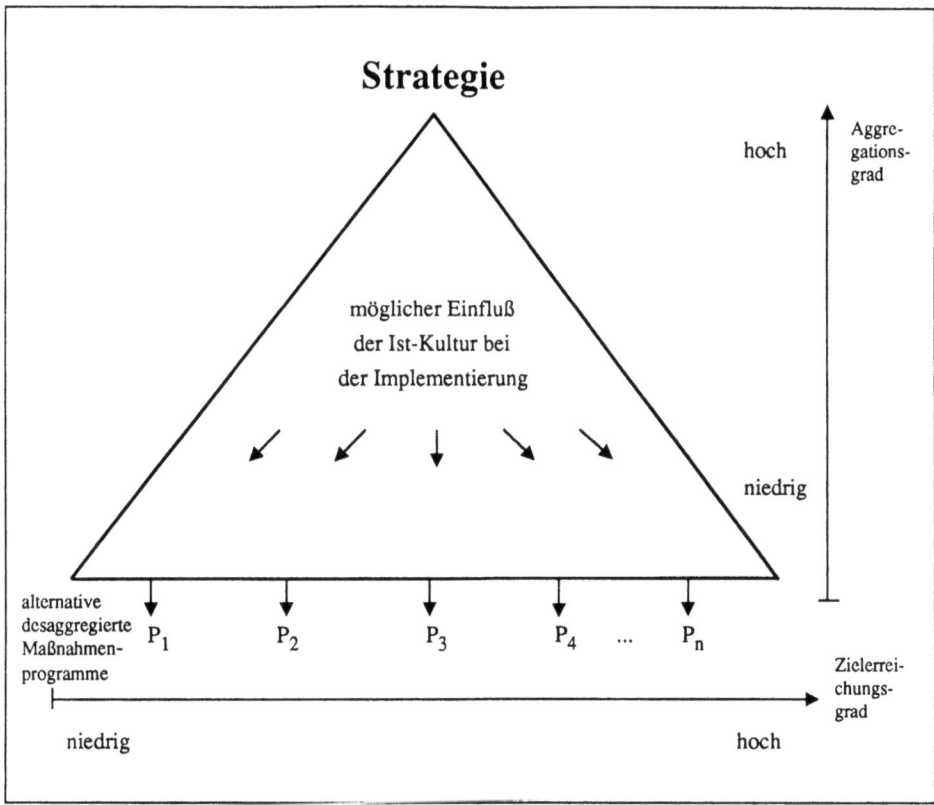

Abb. 2:   *Der Einfluß der Unternehmenskultur bei der Strategie-Implementierung*

Fassen wir nochmals zusammen: Ein und dieselbe Strategie kann zum Erfolg oder Mißerfolg werden - je nachdem, ob die im Unternehmen verbreiteten Werte und Normen zur Strategie passen oder ihr widersprechen, ja ihr möglicherweise sogar völlig entgegenstehen. Die vorstehende Abbildung 2 bringt dies graphisch zum Ausdruck.

Eine "strategiekonforme" Unternehmenskultur kann ein entscheidender Wettbewerbsvorteil sein - gerade weil sie, wie gleich noch näher ausgeführt wird, das Ergebnis einer *authentischen Entwicklung* darstellt und nicht so ohne weiteres von Konkurrenten "nachgeahmt" bzw. kopiert werden kann. Jedoch ist zu beachten, daß eine einmal erreichte Abstimmung von Strategie und Kultur potentiell *instabil* ist: Während die Strategie - in Antizipation oder Anpassung an die veränderten Umweltbedingungen - ständig verändet wird und werden muß,[8] neigt die Unternehmenskultur zur *Verfestigung* und *Konservierung* der bisherigen Wertvorstellungen und Verhaltensnormen und damit zur Reproduktion altbekannter und erprobter Lösungen.

Es zeigt sich, daß früher oder später auch für die Kultur, also die Art und Weise, wie Menschen im Unternehmen denken und handeln, ein Anpassungsbedarf entsteht (z.B. Wandel zu einem stärker wettbewerbs- und kundenorientierten Denken und Handeln). Das Problem ist nur, daß sich die Kultur nicht beliebig und vor allem nicht beliebig schnell verändern läßt - ebensowenig, wie man "... über Nacht aus einem Mecklenburger einen Schwaben, aus einem Bayern einen Friesen oder aus einem Ingenieur einen Kaufmann machen kann".[9]

Im folgenden wollen wir den eben skizzierten Fall, daß Strategie und Kultur *nicht* in Übereinstimmung sind, sondern sich partiell oder völlig widersprechen, näher untersuchen. Bevor wir auf Möglichkeiten zu sprechen kommen, den Widerspruch zwischen ihnen aufzulösen, müssen wir zunächst vor einem "falschen" - da ausschließlich "instrumentellen" - Verständnis von Unternehmenskultur warnen. Dies führt uns zum Konzept des *kulturbewußten Managements*.

3. Kulturbewußtes Management ist nicht "Kultur-Management"

Angesichts der in den 70er Jahren sich abzeichnenden Erfolge japanischer Unternehmen, die hierzulande auf ein konsequentes "Management" der internen Wertvorstellungen und Normen zurückgeführt wurden, lag es nahe, die Unternehmenskultur nicht nur als neuen Erfolgsfaktor, sondern auch als (beliebig) gestaltbare Instrumentalvariable des Managements anzusehen. Doch schon bald zeigte sich, daß die Veränderung der Unternehmenskultur nicht gezielt "herbeigeführt" oder gar erzwungen, sondern bestenfalls *initiiert* und *gefördert* werden kann. Versuche, mit der Anordnung "fernöstlicher" Rituale wie gemeinschaftliche Frühgymnastik die Effizienz zu steigern, erwiesen sich schon bald als Fehlschlag. Man erkannte, daß ein "echter" Kulturwandel nicht durch "Wertedrill", sondern nur dadurch erreicht wird, daß die Mitarbeiter *freiwillig* und *aus Überzeugung* ihre bisherigen Wertvorstellungen und Verhaltensnormen ändern. Es kommt darauf an, die Mitarbeiter für einen Wertewandel zu *gewinnen* - nur so wird die neue Unternehmenskultur tatsächlich von den Beteiligten getragen und *gelebt*. Auf dieser Einsicht basiert das *Konzept des kulturbewußten Managements*, das allen allzu naiven Vorstellungen von einer "machbaren" Unternehmenskultur eine deutliche Absage erteilt.[10]

Bei diesem Konzept geht es weder um eine Manipulation der Mitarbeiter noch darum, sie mit (finanziellen) Anreizen zu einer lediglich vordergründigen und oberflächlichen Annahme bestimmter Verhaltensweisen zu animieren. Ziel ist vielmehr, *gemeinsam mit den Beteiligten* die bisherige Kultur kritisch zu hinterfragen und hinsichtlich möglicher Veränderungen in einem allgemeinen und freien Diskurs zu einem *Konsens* zu kommen - ein Lernprozeß, der im Ergebnis offen ist und offen bleiben muß. Damit hat die Unternehmenskultur stets (auch) einen "... humanen Eigenwert und Eigensinn"[11] und verlangt vom Management ein hohes Maß an Respekt und Toleranz. Dies bedeutet jedoch nicht, daß sich die Unternehmensleitung im Hinblick auf kulturbeeinflussende Maßnahmen völlig abstinent verhält. Welche Möglichkeiten sich im Rahmen des kulturbewußten Managements bieten, einen (strategisch notwendigen) Kulturwandel im Unternehmen anzuregen und zu fördern, wollen wir im folgenden näher beleuchten.

4. Kulturwandel initiieren und fördern

Bei genauerer Betrachtung sind hier drei Teilaufgaben zu unterscheiden, und zwar

- die Diagnose der "Ist-Kultur",
- die Konzipierung einer "Soll-Kultur" und
- die Auswahl und Durchführung "kulturpolitischer" Maßnahmen.

4.1 Diagnose der "Ist-Kultur"

Die in einem Unternehmen verbreitete Kultur ist im wahrsten Sinne des Wortes "selbstverständlich" und wird in der Regel nicht reflektiert. Deshalb geht es zunächst einmal darum, diese "Ist-Kultur" bewußt wahrzunehmen. Nur wenn man sich ein Bild davon macht, welche Werte und Normen *tatsächlich* von den Mitarbeitern propagiert und gelebt werden, kann letztlich darüber nachgedacht und diskutiert werden, ob und in welcher Weise ein Wertewandel im Unternehmen notwendig ist.

In der Literatur ist es üblich, bestimmte *Kulturebenen* zu unterscheiden, auf denen sich die Unternehmenskultur in unterschiedlicher Weise manifestiert:[12] Die *Grundannahmen* sind meist unbewußt, liegen aber allen folgenden Manifestationen zugrunde; *Werte, Normen und (Verhaltens-)Standards* als zweite Ebene lassen sich dagegen schon eher beobachten und werden z.T. auch schon bewußt wahrgenommen. Dies gilt um so mehr für die dritte Ebene, die *aktiven und passiven Ausdrucksformen* der Unternehmenskultur: das Verhalten und Handeln der Mitarbeiter sowie die nach außen hin sichtbaren "Artefakte" (Architektur, Bürogestaltung, Bekleidung usw.). Gerade die sichtbaren Ausdrucksformen der Kultur sind dafür verantwortlich, daß man "... meist schon nach wenigen Minuten spürt, welcher Geist in einer Firma herrscht".[13] Die nebenstehende Abbildung 3 bringt das Mehrebenenmodell der Unternehmenskultur graphisch zum Ausdruck.

Für die *Diagnose der Ist-Kultur* stehen nun folgende Möglichkeiten zur Verfügung, wobei es sich hier nicht um Alternativen, sondern um sich ergänzende Maßnahmen handelt:

- Dokumentenanalyse,
- Firmenrundgänge,
- Sitzungsbeobachtungen,
- freie Interviews,
- strukturierte Interviews und
- Workshops.

Auf Einzelheiten kann an dieser Stelle nicht weiter eingegangen werden.[14] *Küpper* und *Hahne* beschreiben in dem folgenden Beitrag[15] ausführlich den Ablauf eines Workshops, der in einem großen Versicherungsunternehmen durchgeführt wurde und dem Zweck diente, die "eigene" Unternehmenskultur bewußt wahrzunehmen bzw. - mit den Worten der Veranstalter - aus dem "Kulturdschungel" herauszuarbeiten.

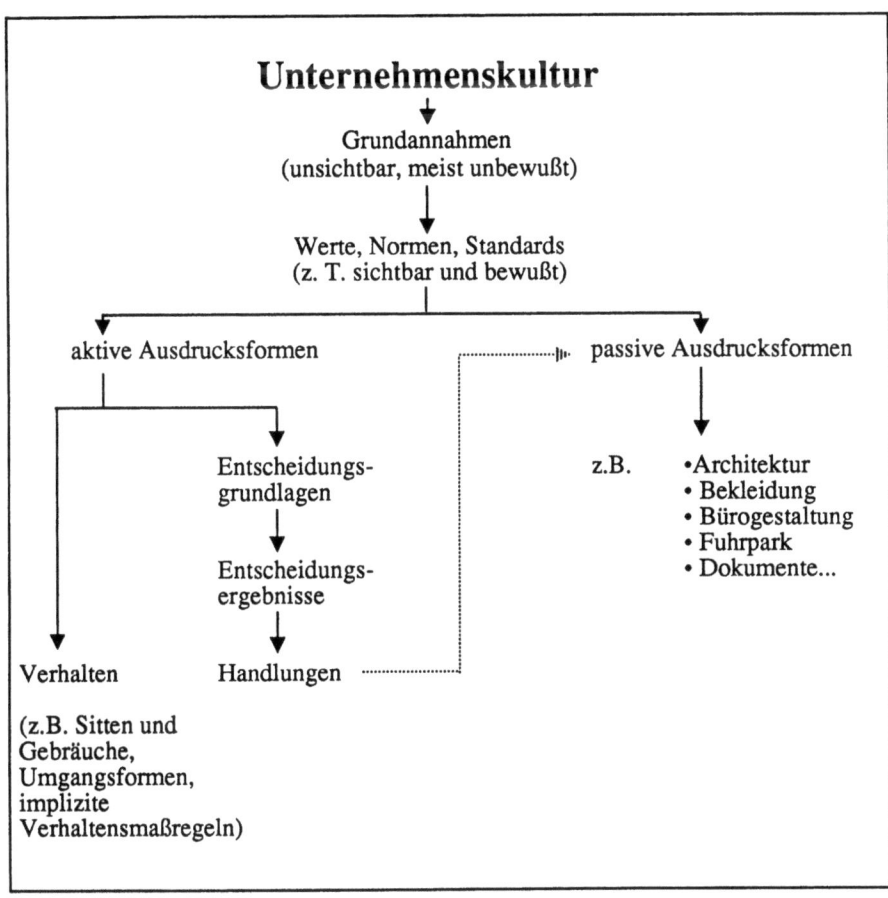

Abb. 3: Ebenen und Ausdrucksformen der Unternehmenskultur

Am Ende der Analyse erhält man eine Anzahl verschiedener Eigenschaftsausprägungen, mit deren Hilfe sich die Ist-Kultur genauer kennzeichnen und beschreiben läßt. Oft besteht jedoch das Bedürfnis, die vielfältigen Eigenschaftsausprägungen weiter zu verdichten, so daß daraus ein "griffiges" Bild der gegenwärtigen Kultur entsteht. Zu diesem Zweck empfiehlt sich die Verdichtung zu den beiden folgenden Beschreibungsdimensionen:

- *Art* der Kultur und
- *Stärke* der Kultur.

Hinsichtlich der *Art der Kultur* haben sich in der Literatur mittlerweile verschiedene *Kultur-Typologien* herausgebildet, die jedoch keinen Anspruch auf Allgemeingültigkeit erheben wollen oder können.[16] Am bekanntesten sind die folgenden, von *Deal* und *Kennedy* geschaffenen Kategorien:[17]

- die *"Bet-Your-Company-Culture"* mit hohem Risiko, aber einem relativ langsamen Informationsrückfluß; weitere Kennzeichen sind Offenheit gegenüber Umweltveränderungen, Unternehmungsgeist, unkomplizierte Zusammenarbeit in und zwischen den Abteilungen, allgemein freundlicher Umgangston;

- die *"Work-Hard/Play-Hard-Culture"* mit schnellem Informationsrückfluß, aber nur geringer Neigung, Risiken einzugehen; Umweltveränderungen werden hier eher als Bedrohung empfunden und mit Hilfe analytischer Methoden zu antizipieren versucht; im Inneren dominieren eingefahrene Regeln, Besonnenheit, Rationalität, Hierarchiebewußtsein;

- die *"Tough-Guy/Macho-Culture"* in Unternehmen, die hohes Risiko nicht scheuen und sich um ein schnelles Markt-Feedback bemühen; die Mitarbeiter verstehen sich als Individualisten, was zählt ist der Erfolg; äußerlich bestimmen temporeiches Handeln und unkonventionelle Aufmachung das Bild;

- die *"Process-Culture"* als Gegenpol zur "Tough-Guy/Macho-Culture": geringe Risikoneigung, bürokratisch-langsamer Informationsfluß, Absicherung und Statusdenken sind hier die hervorstechenden Merkmale.

Bei allen weiteren Überlegungen wollen wir uns damit begnügen, nur *zwei unterschiedliche Kultur-Typen* zu unterscheiden, und zwar:

- die *introvertiert-effizienzorientierte Kultur*: Unternehmen, die betont kostenorientiert sind, viel analysieren, vorrangig an der Regelung und Optimierung der internen Abläufe arbeiten, hierarchisch strukturiert sind, Umweltveränderungen primär als Störung oder Bedrohung interpretieren, also insgesamt eine eher konservative Grundhaltung zeigen;

- die *extrovertiert-wettbewerbsorientierte Kultur*: Unternehmen, die Umweltveränderungen gegenüber offen sind und diese als Chance begreifen, ihre Maßnahmen auf Kundenwünsche und Wettbewerber ausrichten, Kunden und Lieferanten als "Partner" ansehen, bewußt innovationsorientiert sind, gern "Neues" ausprobieren und im Inneren ein zwanglos-kommunikatives, vom Teamgeist geprägtes Bild zeigen.

Kommen wir damit zur zweiten Dimension der Unternehmenskultur, der *Kulturstärke*. Sie bringt zum Ausdruck,

- wie *verbreitet* die Werte und Normen bei den Mitarbeitern sind; die Bandbreite der Möglichkeiten reicht hier von einer bereichsübergreifenden "Einheitskultur" bis hin zu einer Zersplitterung in viele verschiedene "Sub-Kulturen";

- wie *tief* die Werte und Normen bei den Mitarbeitern verankert sind: Gemeint ist, ob die Mitarbeiter von den Werten und Normen, die sie vertreten, tatsächlich "von Grund auf" überzeugt sind oder diese nur vordergründig und oberflächlich vertreten.[18]

Wie bereits angedeutet, verleiht eine "starke" Kultur der Strategie - wenn sie mit dieser konform geht - eine besonders große Wirkung und trägt so maßgeblich zum Unternehmenserfolg bei. Jedoch erweist sich Kulturstärke im Falle eines früher oder später notwendigen Wertewandels als *Flexibilitätsbarriere*, da sie zur Fixierung tradierter Wertvorstellungen und Normen und damit zur Starrheit neigt (Tendenz zur Abschliessung, Widerstand gegen Veränderungen, die nicht in das gängige Weltbild passen). Unter diesem Gesichtspunkt ist es ratsam, die Unternehmenskultur von Anfang an *nicht zu stark* (d.h. zu einheitlich) werden zu lassen, weil sie sonst den strategisch notwendigen Wandel des Unternehmens behindert.

Ein probates Mittel, die Kultur "flexibel" zu halten, scheint die Tolerierung, ja Ermunterung von *"Sub-" oder "Gegen-Kulturen"* im Unternehmen zu sein, die zu den "vorherrschenden Sichtweisen" eine bewußt kritische Position beziehen. Auf diese Weise erhält das Unternehmen immer wieder neue Impulse und kann verhindern, daß - bildlich gesprochen - alle geschlossen in eine Richtung marschieren, die sich am Ende als falsch herausstellt. Die Förderung von "Gegen-Kulturen" kann auch über die Unternehmensgrenzen hinausreichen: So arbeiten gerade Traditionsunternehmen wie IBM, Coca-Cola und Daimler-Benz bei der Konzipierung ihrer Werbestrategie neuerdings gern mit jungen, kreativen Agenturen zusammen, deren Ideen - man denke an die Werbespots mit der Coca-Cola-trinkenden Eisbärenfamilie - nicht den "eingefahrenen Gleisen" folgen. Interessant ist auch, daß IBM den Aufbau des Geschäftsfelds "Personal Computer" ganz bewußt einem Team übertrug, das sich in seinen Denk- und Handlungsweisen von der "vorherrschenden" (auf Großrechner und Großkunden ausgerichteten) Unternehmenskultur unterschied - eine Entscheidung, die letztlich die Unternehmenskultur insgesamt veränderte. Damit sind wir gedanklich bereits bei der zweiten Managementaufgabe angekommen, der wir uns nun zuwenden wollen: Aufbauend auf der Kultur-Diagnose sind Vorstellungen über die *anzustrebende "Soll-Kultur"* zu entwickeln.

4.2 Konzipierung der "Soll-Kultur"

Derartige Überlegungen sind durchaus sinnvoll und legitim und sprechen nicht von vornherein für ein instrumentell-verkürztes Verständnis von Unternehmenskultur. Das Konzept der "Soll-Kultur" stellt vielmehr die *Argumentationsgrundlage der Unternehmensleitung* in dem bereichsübergreifenden Diskurs über die derzeitigen und künftig anzustrebenden Werte und Normen dar.

Bei der Konzipierung der Soll-Kultur kann wie folgt vorgegangen werden: *Zunächst* werden - auf Basis der gegenwärtigen Wettbewerbsposition und der künftig erwarteten Umweltentwicklungen - die notwendigen *strategischen Veränderungen* entwickelt. Im Fall der Umstrukturierung des Philips-Konzerns,[19] um ein Beispiel zu nennen, konzentrieren sich die strategischen Veränderungen auf den Übergang zu globalen Strukturen und ein Betreten neuer, innovativer Geschäftsfelder. In einem *zweiten Schritt* ist dann zu fragen, ob und inwieweit die festgestellte Ist-Kultur auch bei veränderter Strategie ihren Funktionen (insbesondere Integration, Koordination und Motivation) gerecht wird und ob die bisher vertretenen Werte und Normen im Hinblick auf die

- Kundenorientierung,
- Innovationsorientierung,
- Wettbewerbsorientierung,
- Mitarbeiterorientierung und
- Leistungsorientierung

noch zu der neuen strategischen Richtung "passen". Ähnliche Überlegungen sind auch hinsichtlich der Kulturstärke anzustellen. Die dabei sich möglicherweise ergebende

Diskrepanz zwischen Ist- und Soll-Kultur läßt sich dann wie folgt graphisch veranschaulichen:

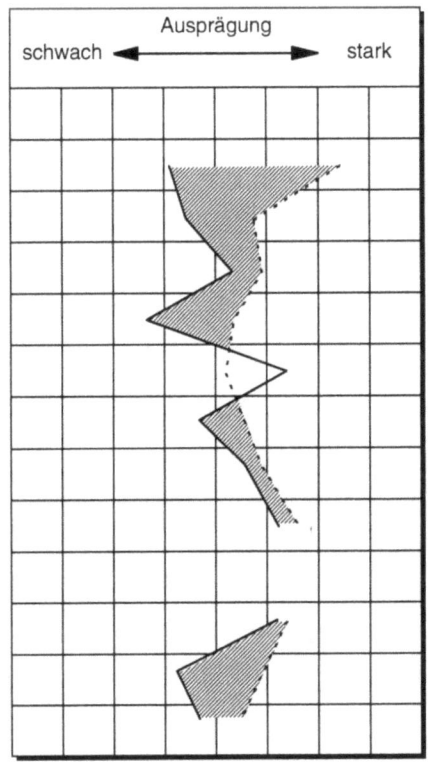

Abb. 4: Kulturprofile der Ist- und Soll-Kultur (Beispiel)
(Quelle: Kobi/ Wüthrich (1986), S. 147)

Bei der Soll-Kultur muß es sich nicht unbedingt um ein in bis ins letzte ausgearbeitetes Konzept handeln. Manchmal genügen wenige Worte und Taten, um eine unternehmensinterne Diskussion auszulösen. So rief der Vorstandssprecher der Deutschen Bank, Hilmar *Kopper*, die Belegschaft unlängst dazu auf, über mehr Kundennähe und Eigenverantwortung nachzudenken.[20] Erinnert sei auch an die Umdenkprozesse in Richtung auf höhere Effizienz und stärkeres Kostenbewußtsein, die die Berufung von

José Ignacio *López de Arriortúa* in den Vorstand der Volkswagen AG in diesem Unternehmen - und darüber hinaus - ausgelöst hat. Im Fall der Deutschen Bank wird also offensichtlich eine stärker extrovertiert-wettbewerbsorientierte, im Fall von VW eine mehr effizienzorientierte Soll-Kultur propagiert.

In der CD-ROM-Version des SIEMENS-Geschäftsberichts 1995 finden sich dagegen die folgenden Aussagen zur angestrebten Soll-Kultur:

Cultural Change

Freiräume für Mitarbeiter

Begeisterungsfähigkeit

Ausrichtung aller Abläufe
am Kundennutzen

Funktionsübergreifende
Teamfähigkeit

Abb. 5:   Aspekte der Soll-Kultur der SIEMENS AG
            (Quelle: Geschäftsbericht 1995, CD-ROM-Version)

Auf die Frage, welche Kulturausprägungen im einzelnen zu welchen strategischen Optionen passen, gibt es bisher noch keine abschließenden bzw. statistisch gesicherten Antworten.[21] Die oben genannten Beispiele zeigen aber, daß es der Unternehmensleitung trotzdem möglich ist, global aufzuzeigen, in welche Richtung sich die Kultur des Unternehmens entwickeln sollte. Damit stellt sich - wie in Abbildung 6 angedeutet - nun die Frage, mit welchen *Maßnahmen* ein Wandel von der Ist- zur Soll-Kultur angeregt und gefördert werden kann.

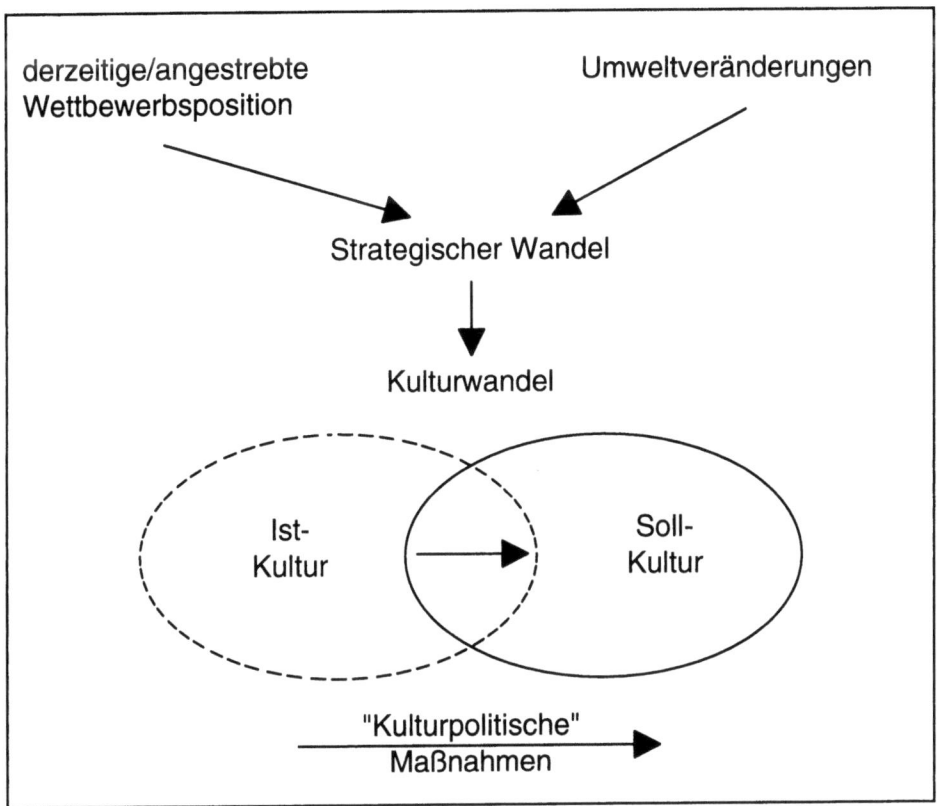

Abb. 6: Strategischer und kultureller Wandel im Unternehmen

4.3 Auswahl und Durchführung "kulturpolitischer" Maßnahmen

Um es noch einmal hervorzuheben: Kulturbewußtes Management fordert keinen Verzicht auf kulturbeeinflussende Maßnahmen, sondern vielmehr ihren *verantwortungsbewußten Einsatz*. Es gehört sogar zu den wichtigsten Aufgaben der Unternehmensleitung, auf einen für das künftige Wohlergehen des Unternehmens notwendigen Wertewandel hinzuweisen und einen entsprechenden Lernprozeß anzuregen und zu fördern.

Im SIEMENS-Geschäftsbericht 1995 heißt es dazu:

"Zur Beschleunigung unserer Innovationsfähigkeit auf breiter Front gehört eine Unternehmenskultur, die den Mitarbeitern die nötigen Freiräume schafft sowie ihre Stärken und ihre Begeisterungsfähigkeit zur Geltung kommen läßt ...

Wir haben bereits eine Vielzahl von Maßnahmen und Programmen eingeleitet, die zum Wandel unserer Unternehmenskultur beitragen werden und daraus einen selbsttragenden Prozeß machen".[22]

Am Anfang eines solchen Prozesses steht jedoch das *konsequente Bekenntnis* zur Soll-Kultur und ein *persönliches Vorleben* den "neuen" Werte und Normen seitens der Geschäftsleitung. Das Management muß sich über seine eigene Rolle als Vermittler kultureller Botschaften im klaren sein. Mit dem "Vorleben" allein ist es jedoch meistens nicht getan. Um den für notwendig erachteten Kulturwandel zu initiieren und zu fördern, stehen - ohne die (ethischen) Grenzen des kulturbewußten Managements zu überschreiten - folgende Möglichkeiten offen:

- Schaffung neuer "Artefakte", z.B. neugestaltete Dokumente, eine veränderte Büroausstattung, ein neuer Firmenslogan;

- kritische Prüfung der derzeit geltenden Werte und Normen und Erarbeitung neuer Orientierungsmaßstäbe und Verhaltensregeln *mit* den Mitarbeitern im Rahmen von Seminaren und Workshops;

- Schaffung der organisatorischen Voraussetzungen für die notwendigen Konsensbildungsprozesse, z.B. indem die innerbetriebliche Arbeitsteilung vermindert oder die Unternehmenshierarchie "verflacht" wird, da sie kommunikative Prozesse behindert;

- Entlassungen (auch in der Führungsspitze) und/oder Anwerbung bzw. Beförderung von Personen mit kulturkonformen Wertvorstellungen;

- Schaffung kulturgerechter Anreiz-, Qualifikations- und Beförderungssysteme im Unternehmen.

Bei diesen und anderen Maßnahmen kommt es - über die unmittelbare Handlungskonsequenz hinaus - auch auf die *Symbolwirkung* an. So wird z.B. die Entlassung einer "kulturignoranten" Führungskraft oder die Neuberufung eines Vorstandsmitglieds (man denke an den Eintritt von *López de Arriortúa* in den Vorstand von VW) als Signal verstanden und hat schon dadurch prägende Wirkung auf das Denken und Handeln vieler Mitarbeiter im Unternehmen. Betont sei aber noch einmal, daß eine Unternehmenskultur *nicht gegen, sondern nur gemeinsam mit den Beschäftigten verändert werden kann*. Die im Unternehmen tätigen Menschen sind nicht Objekte, sondern die eigentlichen *Träger* des kulturellen Wandels. Daß es sich bei diesem Wandel um einen "zeitraubenden" Prozeß handelt, haben wir bereits erwähnt. Wir wollen abschließend der Frage nachgehen, welchen Konsequenzen sich daraus für die angestrebte Abstimmung von Strategie und Kultur ergeben.

5. Abstimmung von Strategie und Kultur im Zeitablauf

Wie bereits erläutert, stellen Strategie- und Kulturwandel lediglich zwei Seiten oder Aspekte *ein und desselben* unternehmensspezifischen Lernprozesses dar.[23] Denn eine veränderte Strategie wird nur dann adäquat in konkretes Handeln umgesetzt, wenn auch die Werte, Normen und Verhaltensweisen der Mitarbeiter sich anpassen. So wird - um ein weiteres Beispiel zu nennen - das Verkaufspersonal einer Mercedes-Benz-Niederlassung erst noch in bestimmter Weise "umlernen" müssen, bis es in der Lage ist, neben der klassischen Produktpalette auch die zukünftig angebotene "kleine" A-Klasse und das "Smart-Auto" erfolgreich verkaufen zu können.

Das Problem der "Harmonisierung" von Strategie und Kultur liegt - wie erwähnt - darin, daß eine einmal erreichte Abstimmung potentiell instabil ist: Während die Strategie schon bald an die veränderten (Markt-)Bedingungen angepaßt werden muß und auch wird, neigt die Kultur stets zur Reproduktion und Verfestigung der *bestehenden* Normen und Regeln. Nicht alle in der Kultur "gespeicherten" Werte und Normen müssen plötzlich überholt sein - nur geht es darum, diejenigen Werte und Normen, an denen *festgehalten* werden sollte, von demjenigen Teil des Normenbestands zu trennen, der sich angesichts der veränderten Bedingungen als *inadäquat* erweist. Diese Aufgabe kann nicht an eine innerbetriebliche "Kulturbehörde" delegiert, sondern - nach dem Konzept des kulturbewußten Managements - nur in einem bereichsübergreifenden Diskurs bewältigt werden, der sich in folgenden Schritten vollzieht:

- Bewußtmachung, Beschreibung und Bewertung der Ist-Kultur,
- "reflexive Brechung" der Ist-Kultur, d.h. kritische Diskussion unter Beteiligung möglichst vieler Organisationsteilnehmer, und

- Anregung von Lernprozessen, wobei die Unternehmensleitung die Rolle des Moderators bei der Konsensfindung übernimmt, gleichwohl aber auch ihre eigene Position vertritt.

Da dieser Prozeß Zeit benötigt, steht die Unternehmensleitung ständig vor der Frage, in welchem Maße die Strategie noch auf die Ist-Kultur Rücksicht nehmen und in welchem Ausmaß sie ihr "vorauseilen" sollte. Eine "Kulturschock-Strategie", die völlig mit den bisherigen Traditionen bricht, wäre ebenso falsch wie eine "Status-quo-Strategie", die aus Angst vor kulturellen Widerständen "alles beim alten" läßt, obwohl die Umweltdynamik dringend Veränderungen verlangt. So kommt es darauf an, in der Strategie die "richtige Mischung" aus Veränderung und Bewahrung zu finden - eine Aufgabe, bei der wir noch zwei Phasen unterscheiden können (siehe Abbildung 7):

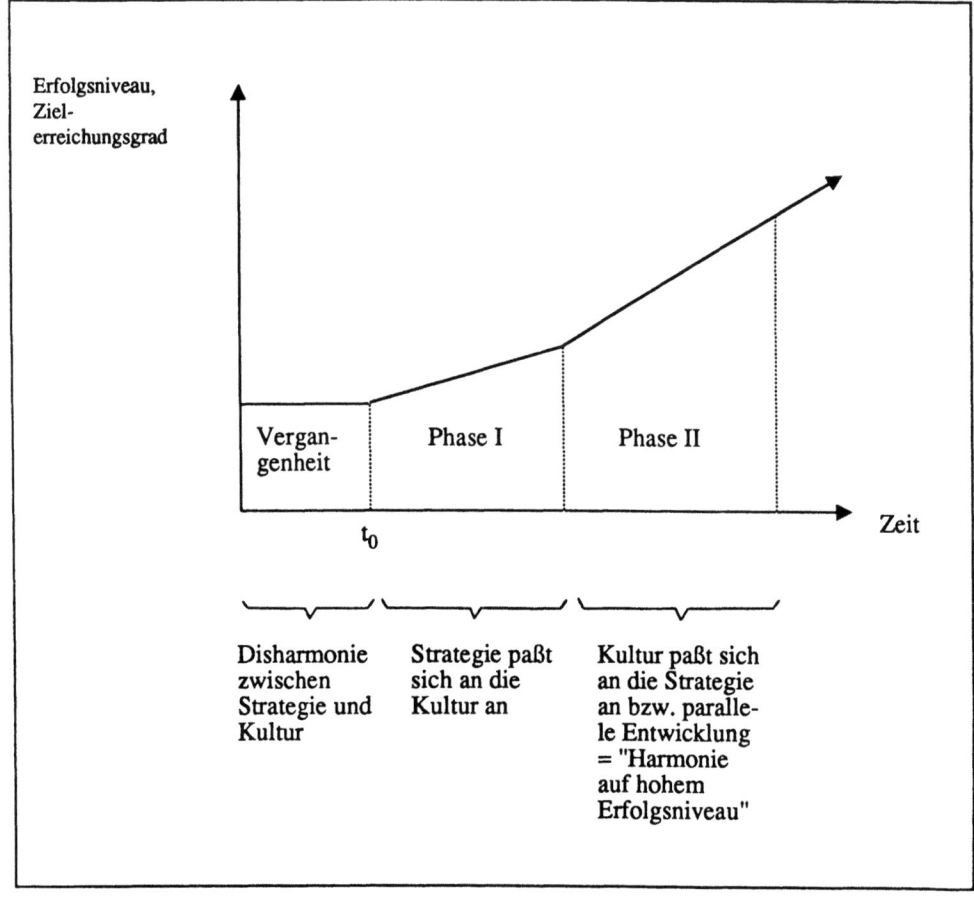

Abb. 7:   Phasen der Abstimmung von Strategie und Kultur

Zunächst wird die Strategie noch relativ stark auf die Restriktionen der Ist-Kultur Rücksicht nehmen müssen ("strategy follows culture") - zumindest so lange, bis die gleichzeitig einzuleitenden "kulturpolitischen" Maßnahmen Wirkung zeigen und der Kulturwandel tatsächlich ein "selbsttragender Prozeß" geworden ist.

Gegen die hier vertretene These vom "behutsamen Wandel" in Phase I ließe sich einwenden, daß es gerade in *Krisenzeiten* notwendig sei, die Strategie schnell und entschlossen zu ändern und das Ruder ohne Zögern "herumzureißen".[24] Dies ist richtig - sofern auch die Unternehmenskultur diesen Wandel mitmacht. Die Erfahrung zeigt, daß dies in Krisenzeiten noch eher der Fall ist als im "normalen Geschäftsalltag", da die Mitarbeiter durch die Krise "aufgerüttelt" werden und eine höhere Bereitschaft zeigen, eingefahrene Regeln und Normen zu überdenken und ggf. aufzugeben.

In jedem Fall aber gilt: Erst wenn sich die *kulturelle Flexibilität*, die Bereitschaft der Mitarbeiter zum kulturellen Wandel, also die *Lernfähigkeit der gesamten Organisation* erhöht hat, kann die Strategie im vollen Maße den gewandelten Umfeldbedingungen folgen, ohne in der Umsetzung an "veralteten" Denk- und Handlungsweisen zu scheitern. Im Idealfall entwickeln sich Strategie und Kultur dann sogar parallel (siehe Abbildung 7, Phase II) und gewährleisten so eine Abstimmung auf hohem Erfolgsniveau - ein dynamisches Gleichgewicht, das gleichwohl permanente Anstrengungen, ein immer wieder neues "Austarieren" von Strategie und Kultur im Rahmen des kulturbewußten Managements verlangt.

Fassen wir die wichtigsten Aufgaben noch einmal zusammen:

6. Zusammenfassung

Kulturbewußtes Management umfaßt sowohl die Strategieentwicklung als auch die Initiierung und Moderation (nicht: Erzwingung) eines unternehmenskulturellen Wandels sowie die Koordination beider Aufgaben. Es geht darum, das richtige Maß an Veränderung und Bewahrung zu finden - eine Aufgabe, die nicht abschließend gelöst werden kann, sondern sich immer wieder von neuem stellt. Zu welchem Ergebnis diese Abstimmung auch immer führt - am Anfang steht die Erkenntnis, daß es beim "Management des Wandels" auf *beide* Faktoren ankommt, wenn das Unternehmen langfristig bestehen und erfolgreich sein will: Unternehmensstrategie *und* Unternehmenskultur.

Anmerkungen

1 Vgl. z.B. Voigt (1993), S. 35.
2 Heinen/Dill (1990), S. 17.
3 Dierkes (1988), S. 557.
4 Deshpandé/Parasuraman (1986), S. 35.
5 Damit soll nicht behauptet werden, daß die Erfolgswirksamkeit der einzig gültige Maßstab zur Beurteilung von Unternehmenskulturen ist. Dies wäre - wie gleich noch erläutert wird - eine zu enge, da ausschließlich instrumentell-funktionalistische Sichtweise.
6 Vgl. Schreyögg (1989), S. 97 ff.
7 Krystek/Zur (1990), S. 18.
8 Siehe dazu auch die Beiträge von Schmidt (S. 5 ff.) und Wrede (S. 19 ff.) in diesem Buch.
9 Dierkes (1994), S. 7.
10 Vgl. dazu auch Greipel (1990); Ulrich (1993), Sp. 4362.
11 Ulrich (1993), Sp. 4362.
12 Vgl. Schein (1985), S. 14 f.
13 Simon (1990), S. 2.
14 Vgl. dazu z.B. Kobi/Wüthrich (1986).
15 Siehe S. 79 ff. dieses Bandes.
16 Vgl. auch die von Küpper und Hahne verwendete Typologie auf S. 91 ff. dieses Buches.
17 Vgl. Deal/Kennedy (1982), S. 107 ff.; vgl. dazu auch Steinmann/Schreyögg (1991), S. 539 f.
18 Zur Kulturstärke vgl. auch Schreyögg (1989).
19 Siehe dazu den Beitrag von Schmidt in diesem Band (S. 5 ff.).
20 Vgl. dazu auch Weiler/Kloepfer (1995), S. 13.
21 Vgl. dazu auch Voigt (1996), S. 65 ff., und die dort angegebene Literatur.
22 SIEMENS-Geschäftsbericht 1995 (Papier-Version), S. 5.
23 Vgl. dazu auch Simon/Schwuchow (1994) und die dort enthaltenen Beiträge.
24 Siehe dazu auch den Beitrag von Schmidt in diesem Buch.

Literaturverzeichnis

Deshpandé, R./Parasuraman, A. (1986): Linking Corporate Culture to Strategic Planning, in: Business Horizons, 29. Jg., Nr. 3, S. 28 - 37.

Deal, T.E./Kennedy, A.A. (1982): Corporate Cultures - The Rites and Rituals of Corporate Life, Reading/Mass.

Dierkes, M. (1988): Unternehmenskultur und Unternehmensführung, in: Zeitschrift für Betriebswirtschaft, 58. Jg., S. 554 - 575.

Dierkes, M. (1994): Eine Schwachstelle des Standorts Deutschland ist die Unternehmenskultur, in: Blick durch die Wirtschaft, 37. Jg., Nr. 113 (15.6.1994), S. 7.

Greipel, P. (1990): Unternehmenskultur - Ansatzpunkt für ein erweitertes Verständis strategischen Managements?, in: Lattmann, Ch. (Hrsg.), Die Unternehmenskultur, Heidelberg, S. 319 - 338.

Heinen, E./Dill, P. (1990): Unternehmenskultur aus betriebswirtschaftlicher Sicht, in: Simon, H. (Hrsg.), Herausforderung Unternehmenskultur, Stuttgart, S. 12 - 24.

Kobi, J.-M./Wüthrich, H.A. (1986): Unternehmenskultur verstehen, erfassen und gestalten, Landsberg/Lech.

Krystek U./Zur, E. (1990): Verträglichkeit von Kultur und Strategie, in: Gablers Magazin, Nr. 10, S. 17 - 21.

Schein, E.H. (1985): Organizational Culture and Leadership - A Dynamic View, 3. Aufl., San Francisco, Washington, London.

Schreyögg, G. (1989): Zu den problematischen Konsequenzen starker Unternehmenskulturen, in: Zeitschrift für betriebswirtschaftliche Forschung, 41. Jg., S. 94 - 113.

SIEMENS AG (1996): Geschäftsbericht '95, Papier-Version, CD-ROM-Version, München.

Simon, H. (1990): Unternehmenskultur - Modeerscheinung oder mehr?, in: Simon, H. (Hrsg.), Herausforderung Unternehmenskultur, Stuttgart, S. 1 - 11.

Simon, H./Schwuchow, K./Hrsg. (1994): Management-Lernen und Strategie, Stuttgart.

Steinmann, H./Schreyögg, G. (1991): Management, 2. Aufl., Wiesbaden.

Ulrich, P. (1993): Unternehmenskultur, in: Wittmann, W. et al. (Hrsg.), Handwörterbuch der Betriebswirtschaft, 5. Aufl., Stuttgart, Sp. 4351 - 4366.

Voigt, K.-I. (1993): Strategische Unternehmensplanung - Grundlagen, Konzepte, Anwendung, Wiesbaden.

Voigt, K.-I. (1996): Unternehmenskultur und Strategie - Grundlagen des kulturbewußten Managements, Wiesbaden.

Weiler, B/Kloepfer, I. (1995): "Die Deutsche Bank gleicht einer riesigen Baustelle", Interview mit Ulrich Weiss, Mitglied des Vorstands der Deutschen Bank AG, in: Frankfurter Allgemeine Zeitung, Nr. 211 (11.9.1995), S. 13.

Wie sich im Kulturdschungel die Wahrnehmung für das eigene Unternehmen schärfen läßt - Ein Praxisbericht

Von Prof. Dr. Willi Küpper und Dr. Anton Hahne, Hamburg

Inhaltsübersicht

1. Vorbemerkung
2. Einstieg: Thematisierung von Wertpolaritäten
3. Sensibilisierung für Kulturtypen: Der Kulturdschungel
4. Mitarbeiterbefragung zur kulturellen Einbindung
5. Die Kulturtypologie
   5.1 Macho-Kultur
   5.2 Kultur mittels Arbeit und Spaß
   5.3 Kultur der Absicherung
   5.4 Kultur bürokratischer Verfahren
6. Ergebnisse
7. Spielerischer Transfer mittels Symbolen
8. Fazit

   Anmerkungen
   Literaturverzeichnis

1. Vorbemerkung

Unternehmenskulturen lassen sich als Erscheinungsformen verfestigter Deutungs- und Verhaltensmuster verstehen. Die zugehörigen Handlungs- und Verfahrensweisen bedeuteten in der Vergangenheit offensichtlich Unternehmenserfolg. In der Kultur spiegelt sich also die Historie von Erfolgen (gelegentlich auch von Mißerfolgen) des Unternehmens wider. Es ist allerdings schwierig, diesen Zusammenhang zwischen der Kulturgenese und der Geschichte in Organisationen im einzelnen nachzuweisen; denn welche Kriterien sind es z.B., die Erfolg ausmachen? Heißen sie wirklich Gewinn und Rendite oder vielleicht Wachstum und Dominanz? Waren für Erfolgsstories eher Effekte der Kundenorientierung, Rationalisierungs- und Automatisierungsbemühungen oder einfach Wettbewerbsschwächen der Konkurrenz maßgebend? Erfolgszuschreibungen sind also keiner rein "rechnerischen" Ermittlung gleichzusetzen, und schon gar nicht können sichtbare Unternehmenssymbole - seien es chromblitzende Verwaltungsgebäude oder firmeneigene Centre Courts - als Ursache für vergangene Erfolge herhalten. Sie sind schlicht eine Dokumentation von Erfolg, und es ist abergläubisch, solche Symbole als Erfolgsbedingung zukünftigen Handelns weiter zu pflegen.

Nun wollen wir den Zusammenhang zwischen einer gegenwärtig beschreibbaren Unternehmenskultur und dem vorausgegangenen Erfolg der Organisation nicht leugnen[1]. Um jedoch die Erfolgszuschreibung nicht als einen Akt der Willkür anzusehen, erscheint uns eine prozeßhafte Analyse als probate Vorgehensweise für ein Aufspüren der postulierten Verflechtung. Der eigentliche Sinn von Kulturanalysen, bzw. der Auseinandersetzung mit der firmeneigenen Unternehmenskultur im Hinblick auf die Zukunft, läßt sich dann wie folgt formulieren: Es gilt festzustellen, wie die Erfahrungen der Mitarbeiter und ihre Zukunftsvorstellungen, wie ihre Umweltwahrnehmung und ihr Unternehmensbild mit den Handlungsorientierungen, den hochgehaltenen Werten, den täglichen Entscheidungs- und Arbeitsroutinen zusammenpassen. Nur so können mögliche Widersprüche und Ungereimtheiten aufgedeckt werden, kann die Fassade von inneren Überzeugungen unterschieden und - über Bewußtmachung, d.h. Versprachlichung - kultureller Wandel möglich gemacht werden.

Im folgenden sei von einem unternehmensinternen Projekt berichtet, das eine Hamburger Versicherungsgesellschaft im Bewußtsein der aufgezeigten Relevanz initiierte. Teil dieses Projekts war ein Workshop, von dem im folgenden berichtet wird. Wir beschreiben zuerst den Workshop als Teil dieses Projektes, gehen dann auf die begleitende Mitarbeiterbefragung ein, stellen die vier verwendeten typischen Kulturmuster dar und diskutieren die Transferproblematik zwischen Kulturentwicklungsprojekt und Unternehmensalltag.

2. Einstieg: Thematisierung von Wertpolaritäten

An einem hellen und freundlichen Spätsommernachmittag empfing besagtes Unternehmen rund 40 interne und externe Gäste in ihrem Tagungshaus, um die Frage zu beantworten, ob und wie Unternehmenskultur "machbar" ist. Daß Kultur, sozusagen der "soziale Kitt", der die Welt des Unternehmens im Innersten zusammenhält, nicht erst installiert werden muß, zeigte schon auf den ersten Blick das Ambiente der Tagungsstätte: ausgefallene Architektur mit Rauhputzwänden in einem renovierten Jugendstilgebäude. Ob diese gezeigte Kultur - hier nach dem Motto: moderne Extravaganz auf der Basis gründerzeitlicher Solidität - jedoch der gelebten entspricht, wird oft zurecht bezweifelt. Der Titel der Veranstalter "Ich gehöre dazu - gehöre ich dazu?" war in diesem Sinn mehr als eine rhetorische Frage; denn die Teilnehmer sollten sich ganz konkret fragen: Wozu gehöre ich wirklich und wie genau gehöre ich dazu?

Es gibt verschiedene Vorgehensweisen, um dies herauszufinden. Nach unserem Verständnis kann man kulturelle Phänomene nicht einfach von außen feststellen, naiv vermessen oder per standardisiertem Verfahren bei Organisationsmitgliedern direkt abfragen. Um die Normen und Wertvorstellungen zu entdecken, die den alltäglichen Umgang miteinander bestimmen, muß man möglichst nahe an die persönlichen und sozialen Erfahrungen der Beteiligten herankommen. Ihre Denkhaltungen und Interessen, ihr Verhalten gegenüber Kunden, ihr Austragen oder Verdrängen von Konflikten und ihr Abschotten oder Öffnen gegenüber Neuerungen geben aus der Betroffenenperspektive erst ihren eigentlichen Sinn. Daher gilt für den Beobachter gleichzeitig die Forderung nach Introspektion und die Forderung nach Distanz. Nur in der Balance zwischen beiden Polen kann er den Selbstverständlichkeiten im Unternehmen und dem Selbstverständnis der Firma wirklich auf die Spur kommen.

Eine praktikable Idee ist es, die Teilnehmer von Kultur-Workshops "durch Himmel und Hölle zu schicken", konkret dargestellt anhand einer Rauminstallation mit Zetteln und Kärtchen, auf denen je ein Stichwort steht. Jedes dieser Stichworte ist stark wertgeladen, im positiven oder im negativen Sinn. Schilder mit positiven Bedeutungen hängen an bunten Fäden von der Decke. In diesem "Wertehimmel" sollen die edlen Ideale "schweben" - von Altruismus bis Zuversicht; in Fußbodennähe, in der "Wertehölle" also, sollen dagegen Aggressivität bis Zynismus "schmoren" (siehe Abb. 1). Die Teilnehmer können nun Kärtchen sozusagen von Himmelsbäumen und aus dem teuflischen Unterholz pflücken, um zu erfahren, welche kulturell-ethische Grundprägung in Ihrer Firma vorherrscht. Es besteht so die Möglichkeit, die gelebte Kultur aus den dahinterstehenden Basisannahmen zu erschließen. Denn Kultur als "etwas Ungreifbares" (Hofstede) muß sich in der Diagnose erst langsam herauskristallisieren. Es ist nützlich, dazu versuchsweise diesen oder jenen Begriff sprichwörtlich zu greifen und damit zu spielen.

> *Abwechslung* **Aktivität** Aktualität *Altruismus* **Anerkennung**
> **Anpassungs- und Kompromißbereitschaft** Ansehen *Ans-Ganze-Denken*
> Ästhetik *Aufrichtigkeit* **Aufstieg** Ausdauer
> *Authentizität* **Beharrlichkeit** Bescheidenheit *Besinnung*
> **Beständigkeit** Betroffenheit *Bewußtsein* **Bodenständigkeit**
> Chancen-Gleicheit *Charisma* **Demokratie** Disziplin *Dynamik* ...
>
> Aggressivität **Ängstlichkeit** *Anonymität* Ausbeutung **Behinderung**
> *Bespitzelung* Besserwisserei **Bestechlichkeit** *Bürokratie*
> Destruktivität **Diffusität** Diktatur Dressur ...

Abb. 1:   Wertehimmel und Wertehölle (Ausschnitt)

Betrachtet man die dabei gewonnenen Wertehimmel und -höllen genauer, so werden Widersprüche und Dilemmata offensichtlich. Lassen sich aus den vorhandenen Wertvorstellungen einheitliche Normen herauskristallisieren? Sind, um zwei Beispiele zu nennen, die Normen "Sei kreativ und flexibel, aber nicht opportunistisch" und "Achte die Individualität deines Gegenüber, ohne deine Selbstachtung aufzugeben" einheits- und sinnstiftend zugleich? Die Diskussion derartiger Fragen führt schnell ins Grundsätzliche[2]. Bei der praktischen Kulturanalyse geht es jedoch zuerst um das Verständnis der tatsächlichen Gegebenheiten, wie im folgenden gezeigt wird.

3. Sensibilisierung für Kulturtypen: Der Kulturdschungel

In dem Projekt der Versicherungsgesellschaft stand weniger die Frage nach der wie auch immer gearteten Idealkultur im Vordergrund. Um für die Vielschichtigkeit der Kulturen zu sensibilisieren, zielte die Moderation auf die praktische Erfahrbarkeit und den Austausch kultureller Spezifika. Die Kultur(en) sollte(n) anhand von Oberflächenphänomenen erspürbar werden. Der Sinn solcher Annäherungen ist es nicht, die "wahre" Unternehmenskultur zu ergründen. Jeder Teilnehmer soll vielmehr mit seinem "naiven" Blick Auffälligkeiten ausmachen und die reale Kulturwelt seines Unternehmens durch seine spezifische Brille ergründen, indem er sich durch einen "Dschungel" verschiedener Möglichkeiten tastet (siehe Abb. 2).

> **Ein Pacours durch den Kulturdschungel**
>
> Für alle Unternehmen und Manager ist es wichtig, eine klare Vorstellung von der Kultur zu gewinnen, in welcher sie täglich arbeiten. Jeder kennt sie und handelt danach, keiner kann sie aber klar beschreiben. Will man erklären, so tappt man im dunkeln. Erst wer sich mögliche Alternativen vergegenwärtigt, findet seine spezielle Firmenkultur. Doch es gibt hier keine eindeutigen Wege, keine schnellen Diagnosen, kein sicheres Terrain.
>
> Suchen Sie sich also Ihren ganz persönlichen Weg durch den
>
> *Kultur-Dschungel*

Abb. 2: *Einstiegstableau*

Das Bild des Dschungels paßt in mehrfacher Hinsicht: für die Suche nach dem Ursprung, für Phänomene der Undurchdringlichkeit, für die Gefahr des sich Verirrens, aber auch für Fruchtbarkeit und Vielgestaltigkeit. Die Dschungelmetapher steht für das Abenteuer auf dem Weg, den sich jeder Mitarbeiter in einem Unternehmen bahnt. Tritt er neu ein, so registriert er fremde, oft genug unheimliche Töne: den Umgangston unter den Kollegen, den Lärm der Vorgesetzten und das Raunen und Wispern der Untergebenen. Er lernt zu überleben, indem er Rituale (Begrüßungen, Konferenzen, Kleiderordnung etc.) praktiziert und sich mit den Anforderungen konfrontiert, die das Unternehmen an ihn, an seine Leistungsbereitschaft und an sein Sozialverhalten stellt. Er tappt in Fallen, wenn er die erklärten Ziele wörtlich nimmt und die inoffiziellen nicht erahnt; er wittert das Maß an Akzeptanz dieser Ziele bei seinen neuen Kollegen. Erst wenn er Teil des Dschungels geworden ist, hat seine Sozialisation geklappt.

Um den Abenteuergehalt dieses Suchvorgangs zu versinnbildlichen und durch ein spielerisches, aber strukturiertes Vorgehen zu vermitteln, hatten die Veranstalter einen "Dschungel-Parcours" aufgebaut: Auf einem verschlungenen Pfad durch mehrere Räume galt es, sich immer neu zu entscheiden, wie alltägliche Situationen im Betrieb jeweils kulturspezifisch angegangen werden. Es waren drei Rauminstallationen vorbereitet, drei Räume, die mit Fototapeten und Dekorationsinterieur zu den Motiven "Natur",

"Kunst" und "Modernes Leben" gestaltet waren. In diese Erlebniswelten en miniature waren Stellwände integriert, an denen die vorbeilaufenden Teilnehmer je eine Frage zu beantworten hatten (siehe Abb. 3 ff.).

Stellen Sie sich vor, Sie kämen als Fremder durch Ihr Firmenportal. Welches Begrüßungsritual würde erfolgen?

* Sie werden ignoriert, während Sie sich die Beine in den Bauch stehen. Es könnte z.B. sein, daß der Empfang Sie kaum zur Kenntnis nimmt und Sie mindestens eine halbe Stunde warten läßt. **(A)**

* Sie werden von einem freundlichen Pförtner begrüßt, der Ihnen ein Besucherschildchen verpaßt und Ihnen detailliert den Weg erklärt. **(D)**

* Sie müssen zunächst eine ausgedehnte Einschreibprozedur durchstehen, bekommen schließlich - nach Rückfragen bei Ihrem Gesprächspartner - ein Schildchen, das Sie als Besucher ausweist, und Sie müssen sich den Weg selber suchen. **(C)**

* Die Person, mit der Sie sich verabredet haben, begrüßt Sie am Eingang, nimmt Ihnen den Mantel ab und hat schon eine Tasse Kaffee bereitgestellt. **(B)**

Abb. 3:   Einleitungsfrage im Kulturdschungel

Im Parcours waren vier "Reinformen" möglicher Unternehmenskulturen verborgen.[3] Indem jeder Teilnehmer auf seinem Weg durch den Dschungel Fragen beantwortete, wurde er in eine bestimmte Richtung weitergeleitet. Die jeweils vorgegebenen vier Antworten (A,B,C,D) waren farbig gekennzeichnet, so daß je Frage ein farbiger Gegenstand (Bleistifte, Schokoriegel, Spielzeuge, Bonbons etc.) in die bereitgestellte, durchsichtige Plastiktüte wanderte. Zur Auflockerung dieses Selbsterfahrungsprozesses waren an jeder Stellwand andere Gebrauchsgegenstände - quasi als Beutegut - placiert.

Wir schlagen Ihnen als Leser vor, die folgenden Tableaus nicht nur durchzulesen, sondern auf eine Ihnen bekannte Organisationskultur zu beziehen. Nehmen Sie einen Stift und markieren Sie die Antwort, welche jeweils am besten paßt. Hier die Tableaus im einzelnen:

Eine weithin geteilte Philosophie bezieht sich weniger auf offizielle Unternehmensgrundsätze. Vielmehr orientiert sich die täglich gelebt Kultur an persönlich beobachtbaren Arbeitsergebnissen. Woran erkennt man **Ihre Kulturorientierung**?

D) primär an den **traditionellen Vorgehensweisen** innerhalb des Hauses.
B) primär an **Kundenbedürfnissen** und **Serviceerfordernissen**.
A) primär an **kurzfristigen spektakulären Erfolgen**.
C) primär an **zukünftigen langfristigen Erfolgen**.

Abb. 4:   Tableau Kulturorientierung

Zu den grundlegendsten Konzepten und Glaubenssätzen einer Organisation gehört ein gemeinsames Verständnis über anzustrebende Tugenden. Welche generelle Tugend zählt zu Ihnen?

A) **Risikofreudigkeit**   D) **Absicherung**
B) **Beharrlichkeit**   C) **Autorität**

Abb. 5:   Tableau Generelle Tugend

Die Verkörperung von Werten wird bei Mitarbeitern durch das tägliche Leben in der Kultur geprägt. Gefördert wird dabei folgendes Verhalten:

C)   Für die tägliche Arbeit ist es wichtig, **Unnachsichtigkeit gegenüber unreifem Verhalten** zu demonstrieren.

D)   Im Alltag zählt in erster Linie das **Zuständigkeitsdenken** und die **Ressortorientierung**.

A)   Das tägliche Leben ist geprägt vom **Einzelkämpfertum**, da keine zwischenmenschlichen Konflikte ausgetragen werden.

B)   Indirekt wird ständig die **Identifizierung mit der Arbeit** gefördert.

Abb. 6:   Tableau Wertorientierung

Ein Mitarbeiter muß kein Top-Star sein. Überleben wird er langfristig aber nur, wenn er sich im Einklang mit seinen Kollegen weiß. Er fühlt sich wohl in seiner Haut, wenn ...

- A) ... er prahlen kann, oft einen Drei-Tage-Bart trägt und manchmal geradezu launisch wirkt.
- D) ... seine Korrektheit, Ordentlichkeit und Pünktlichkeit honoriert wird.
- C) ... er sich höflich und zuvorkommend, ja respektvoll benimmt.
- B) ... er sich charmant und freundlich gibt und bei Bedarf seine Trinkfestigkeit zeigen kann.

Abb. 7: Tableau Verhaltensorientierung

Zusätzlich belohnt wird in Ihrer Kultur, wer ...

- D) ... einen Titel trägt, durch den seine Qualifizierung und bisherige Leistung allgemein sichtbar wird.
- C) ... erfahren und seriös ist - und trotzdem gute Ideen hat.
- B) ... ständig initiativ und aktiv bleibt.
- A) ... temperamentvoll, kurzsichtig und abergläubisch ist (aber nur solange der Aberglaube auch „funktioniert").

Abb. 8: Tableau Extralob

Die Mitarbeiter blicken zu den „Helden" auf, die höhere Ziele personifizieren. Helden sind Vorbilder, sie symbolisieren das Unternehmen gegenüber der Umwelt. Sie erhalten das Besondere des Unternehmens und stellen damit Leistungsstandards auf.

In Ihrer Kultur wird ein Held, wer ...

- A) ... hohen persönlichen Einsatz bzw. großen Aufwand für seine Show betreibt.
- D) ... komplizierte Verfahren immer gekonnt handhaben kann.
- C) ... außerordentliches Stehvermögen auch bei vorübergehenden Fehlschlägen beweist.
- B) ... sehr hohe monetäre Werte erwirtschaftet; dessen Umsatzanteil, Provision etc. also weithin sichtbar wird.

Abb. 9: Tableau Held

Kulturtypische Gewohnheiten differieren stark je nach Region, Branche und Zeitgeschmack. Beim Umgang mit Status-Symbolen wirkt sich aber verstärkend aus, daß die Kultur Vorlieben, Stil und Gewohnheiten beeinflußt. In Ihrem Unternehmen sind Führungskräfte äußerlich am besten zu erkennen an ...

- C) ... dunkler Kleidung, die dem Rang entspricht. Auch die Privatwohnung oder die Lage des Hauses entspricht der Stellung in der Hierarchie.
- A) ... ihrer modischen und teuren Kleidung und an ihren extravaganten Autos.
- D) ... der Büroausstattung, weniger an der Kleidung. Jede Statusänderung bewirkt Änderungen der Bürogröße und -einrichtung.
- B) ... Führungskräfte sind schwer von den Mitarbeitern zu unterscheiden. Sie vermeiden Extreme in der Kleidung und bevorzugen ein sportliches Outfit.

Abb. 10: Tableau Statussymbole

Alle Organisationen arbeiten arbeitsteilig. Trotzdem kann die Zusammenarbeit der Mitarbeiter sehr unterschiedlich praktiziert werden. Wie funktioniert die Zusammenarbeit in Ihrer Kultur?

- A) **Kaum**, denn Teamarbeit ist verpönt, da es ohnehin nur auf die Leistung des einzelnen ankommt.
- C) **Gut**, denn bei der komplizierten Materie in Ihrer Firma ist man einfach aufeinander angewiesen.
- B) **Gut**, denn bei Ihnen herrscht ein sportlicher Teamgeist.
- D) **Gut**, weil genau festgelegt ist und auch kontrolliert werden kann, wer mit wem und wann kooperieren soll.

Abb. 11: Tableau Kooperation

> Riten und Rituale sind die systematisch wiederkehrenden, vorprogrammierten Abläufe des Alltagslebens in einem Unternehmen. In ihrer symbolträchtigen Form zeigen sie den Mitarbeitern das Verhalten, das von Ihnen gefordert wird. Als Rituale haben sich etabliert ...
>
> **B)** Wettbewerbe, Konferenzen, Beförderungen und Zusammenkünfte. Alles hat Spielcharakter, was die Motivation zu heben verspricht. Geschichten Firmenmythen, Witze und Spaß werden wichtig und „ernst" genommen;
>
> **D)** breite Diskussionen um Verfahrensfragen, z.B. um politische Veränderungen im Hause, die aber eher selten Konsequenzen für die Praxis haben;
>
> **A)** kleine individuelle Shows, etwa hektisches Telefonieren mit mehreren Apparaten (nicht zu verwechseln mit „echten" Gefühlsausbrüchen!);
>
> **C)** Konferenzen sind eindeutig das Hauptritual. Es gibt bei ihnen eine strenge Sitzordnung und nur der Führungsriege sind längere Wortbeiträge erlaubt.

Abb. 12: Tableau Rituale

> Manche Kulturen entsprechen der traditionellen Großfamilie, in der mehrere Generationen zusammenleben. Hier gibt es Aufgaben für Jung und Alt. Andere Kulturenpassen nur zu einem bestimmten Lebenszyklus, zu einem begrenzten Lebensalter. Sie sind für die Mitarbeiter eher Durchgangsstationen in ihrer persönlichen Karriere. Wie beurteilen Sie Ihre Aussicht auf eine Lebensstellung in der Firma?
>
> **B)** Als **gering**, es sei denn, man spielt auch mit 60 noch gerne das Spiel der „Happy Family" mit, die sich ohne Sorgen mit der Arbeit (weniger mit dem Unternehmen) identifiziert.
>
> **A)** Als **sehr gering**, denn erfahrungsgemäß orientieren sich die Kollegen schnell um, sobald Ihnen woanders eine bessere Chance geboten wird.
>
> **C)** Als **groß**, sofern man sich wirklich langfristig orientiert und im Laufe der Zeit persönliche Erfolge sammelt. Vorausgesetzt, das Unternehmen überlebt langfristig.
>
> **D)** Als ziemlich **sicher**. Man müßte schon silberne Löffel klauen, um gefeuert zu werden. Allerdings hilft es für die eigene Karriere, den Beförderungsmechanismus durchschaut zu haben und selbst beeinflussen zu lernen.

Abb. 13: Tableau Lebensstellung

Erst am Ziel gab es die Auflösung der Farbzuordnung (die hier im Text anhand der Buchstaben A-D erfolgt). Die Farben entsprachen den vier Kategorien möglicher Kulturen nach der Typologie der amerikanischen Unternehmensberater Deal/Kennedy. Jeder hatte also am Ende des Weges seine spezifische Mischung, niemand stand "kulturlos" da; es gab keine Verlierer oder Gewinner.

Lernen Sie hier nun die Stärken und Schwächen Ihrer Kultur kennen. Bedenken Sie dabei, daß es selten Reinkulturen gibt. Interessant ist vielmehr Ihre persönliche Kultur-Mischung.

Kulturtyp	Anzahl der Nennungen	Rangfolge
(A)		
(B)		
(C)		
(D)		

Wenn Sie nun Einzelheiten der Kulturtypen erfahren, so überlegen Sie bitte:

Entspricht das Ihrem *Selbstbild*?
Spiegelt sich der Kulturtyp in Ihren *Unternehmensgrundsätzen* wider?
Erkennen Sie Parallelen in der *Außendarstellung*?
- im Produktmarketing?
- im Personalmarketing?
- in der Öffentlichkeitsarbeit?

Falls Sie *Widersprüche* sehen:
- Welche Ursachen vermuten Sie für diese Widersprüche?
- Wünschen Sie Veränderungen, Anpassungen, Harmonisierungen?
- Oder sind stärkere Differenzierungen nötig?

Abb. 14: *Fragen zum Abschluß*

Bevor wir die Auflösung dokumentieren, soll kurz gezeigt werden, wie sich die erlebnisorientierte Workshop-Erfahrung und eine klassische Mitarbeiterbefragung gegenseitig ergänzen können.

4. Mitarbeiterbefragung zur kulturellen Einbindung

Die kulturelle Eigenart einer Organisation läßt sich versuchsweise in Form von Hypothesen fassen. Im Rahmen des Projektes wurde mit dieser Methode eine Mitarbeiterbefragung durchgeführt. Dabei geklärt werden sollte allerdings weniger die Akzeptanz oder Ablehnung zu Aussagen über das Unternehmen. Vielmehr ging es um den Sekundäreffekt der Anregung und Vertiefung des unternehmensinternen Dialoges. Mit Hilfe thesenartiger Fragen sollte auch am Image "gekratzt" werden, indem Vorgaben für potentielle Kritik und Mißfallensäußerungen gemacht wurden. Wird eine Befragung wie hier von der Unternehmensleitung getragen, so signalisiert sie, daß emotional reagierende Mitarbeiter mit ihrer eigenen Bewertung nicht aus dem offiziellen Raster einer "starken" Einheitskultur fallen. Völlig verfehlt wäre ja die Verstärkung einer glatten Kulturfassade, denn sie ließe keine Vorstellung über die tatsächlichen Verhältnisse gewinnen. Ein Feedback-Instrument hätte sich so erübrigt.

Selbstverwirklichung

	stimmt genau									stimmt nicht
Zu uns gehört man, hier geht man nicht weg; wäre auch idiotisch, weil man dann auf viel Geld, Freizeit und Altersversicherung verzichten müßte.	☐	☐	☐	☐	☐	☐	☐	☐	☐	☐
	10	9	8	7	6	5	4	3	2	1
Unser Unternehmen beweist, daß es in der Wirtschaft gut gehen kann, wenn man viel für seine Mitarbeiter tut.	☐	☐	☐	☐	☐	☐	☐	☐	☐	☐
Es macht keinen Sinn, besondere Initiative zu entwickeln; das wird weder gewollt noch anerkannt.	☐	☐	☐	☐	☐	☐	☐	☐	☐	☐
Es macht Spaß, besondere Leistungen zu erbringen, selbst wenn dies Anspannung und Streß bedeutet.	☐	☐	☐	☐	☐	☐	☐	☐	☐	☐

Einsatzbereitschaft

	stimmt genau									stimmt nicht
Die Kollegen neigen leicht zum Nörgeln; sie sind zwar mal persönlich unzufrieden, aber nicht bereit, sich persönlich einzusetzen.	☐	☐	☐	☐	☐	☐	☐	☐	☐	☐
	10	9	8	7	6	5	4	3	2	1
Warum aufsteigen? Mein Vorgesetzter ist noch nicht alt. Da müßte ich in einen neuen Bereich und mein Vorgesetzter läßt mich eh nicht weg.	☐	☐	☐	☐	☐	☐	☐	☐	☐	☐
Fehler dürfen nicht gemacht werden, von daher wird auch nie mal was anderes ausprobiert.	☐	☐	☐	☐	☐	☐	☐	☐	☐	☐
Vorwärts zu wollen und durch Arbeit aufsteigen zu wollen, wird bei uns mißtrauisch beobachtet.	☐	☐	☐	☐	☐	☐	☐	☐	☐	☐

Service-Orientierung

	stimmt genau									stimmt nicht
Im Vergleich zu Wettbewerbern sind wir sehr langsam, sogar bürokratisch und unflexibel.	☐	☐	☐	☐	☐	☐	☐	☐	☐	☐
	10	9	8	7	6	5	4	3	2	1
Die Kollegen in der Hauptverwaltung sind fast wie Beamte: Sie sind selbstsicher, machen alles richtig und haben wenig Ahnung, was die Kunden von uns im Außendienst erwarten.	☐	☐	☐	☐	☐	☐	☐	☐	☐	☐
Um kostengünstig zu arbeiten, dürfen wir uns nicht allzulange mit dem einzelnen Kunden aufhalten.	☐	☐	☐	☐	☐	☐	☐	☐	☐	☐

Abb. 15: Mitarbeiterbefragung (Ausschnitt)

Wie gesagt, Sinn solcher Eigendeutungen des Unternehmensgeschehens ist es, den Dialog über Werte und Verhaltensmuster zu fördern. Die Konfrontation der Einschätzungen der Insider mit den Fremddeutungen externer Beobachter löst einen Denk- und Lernprozeß im Sinne einer bewußten und konstruktiven Auseinandersetzung mit der Unternehmenssituation aus. Doch kommen wir zurück auf die Typologie des Kulturdschungels.

5. Die Kulturtypologie[4]

	Ergebnishorizont kurzfristig	Ergebnishorizont langfristig
Risiko hoch	A	C
Risiko gering	B	D

(A) Macho-Kultur	(C) Kultur der Absicherung
Eine Welt voller Individualisten, die regelmäßig hohe Risiken eingehen und sehr schnell erfahren, ob sie richtig oder falsch gehandelt haben.	Steht bei Entscheidungen sehr viel auf dem Spiel, zeigt sich aber oft erst nach Jahren, ob die Entscheidung richtig war, so prägen traditionsorientierte analytische Prozesse zur Risikobewältigung die Alltagskultur.
(B) Kultur mittels Arbeit und Spaß	**(D) Kultur bürokratischer Verfahren**
Harte Arbeit, aber auch Spaß an der Arbeit sind hier die Regel. Die Beschäftigten gehen nur selten Risiken ein und erhalten schnell ein Feedback. Die Kultur ermutigt sie, viele Dinge mit relativ geringem Risiko durchzuführen.	Eine in sich geschlossene Welt, denn durch geringe oder gar keine Rückkopplung können die Beschäftigten ihre Leistung nur schwer messen. Statt dessen konzentrieren sie sich darauf, wie etwas getan wird. In ihrer negativen Ausprägung ist diese Kultur eine klassische Bürokratie.

Abb. 16: Tableau Auflösung

Die "Reinformen" der Kulturen, die dem Dschungelparcours zugrundelagen, werden in der Literatur in detaillierter Form beschrieben. Daß diese Beschreibungen USamerikanischer Ausprägungen nicht in jedem Fall auf deutsche Verhältnisse übertragbar sind[5], versteht sich von selbst und wird auch deutlich, wenn wir im folgenden einige Kernaussagen zu diesen Kulturtypen wiedergeben. Das Schillernde der Typologie ermutigt aber, einen Blick auf das Ungewöhnliche, auf die Normabweichung hinter der Fassade des eigenen Unternehmens zu werfen.

5.1. Macho-Kultur

Machismo bezeichnet im Spanischen den Männlichkeitswahn und ein übersteigertes Männlichkeitsgefühl. In dieser Kultur der harten Männer (und Frauen) besteht die Welt aus hohen Risiken und schnellen Reaktionen. Für das Geschäftsleben heißt das: Anhäufung oder Verlust von Vermögen geschehen quasi über Nacht. Die finanziellen Einsätze sind hoch, die Gewinnmöglichkeiten und Verlustrisiken entsprechend. Für einige Branchen und Bereiche ist das typisch. Man denke nur an das Baugewerbe, an die Anlage von Risikokapital, an große Werbekampagnen oder an Projekte der Unterhaltungsindustrie.

In der Alles oder Nichts-Kultur der Individualisten sind Helden mit großen Ideen gefragt. Im Hinblick auf die Umwelt gilt für sie das Motto: Zeige mir einen Berg, und ich werde ihn erklimmen. Macho-Kulturen sind meist jung, temporeich, schnellebig - ohne Ausrichtung auf Ausdauer. Geschätzt wird bei den Mitarbeitern ein jugendliches, aus dem Rahmen fallendes Erscheinungsbild. Die Cleverness und gleichzeitig die Arroganz mancher Unternehmensberater speist sich aus diesem kulturellen Selbstverständnis.

Jede Machosprache versucht unkonventionell zu sein. Im Wirtschaftsleben bemüht sie viele Amerikanismen, wie die Subkultur großer Marketing-Abteilungen zeigt. Neu Hinzugekommene müssen sich schlagen, wenn sie Anerkennung finden wollen, denn freundliche Höflichkeit macht sie uninteressant. Nur der Erfolg bestimmt das Ansehen, das Einkommen, die Macht. Mit dem Aberglauben des Roulettespielers wird um den Erfolg gezittert. Stellt er sich ein, dann wird so enthusiastisch gefeiert, als wäre man Formel-1-Champion. Bleibt Erfolg aus, so wird die Niederlage schonungslos offengelegt. Heute gibt es die steile Karriere nach oben, morgen den tiefen Fall. Nicht erst dann ist das Zeigen von Emotionen erlaubt, nur das Jammern über Schmerzen ist verpönt. Frauen werden geschätzt, wenn sie sich den Spielregeln anpassen: Ein Star kann jede und jeder werden.

5.2. Kultur mittels Arbeit und Spaß

Das Königreich des Geschäftslebens ist die Welt des Wochenmarktes. Hier wird ein Verkauf allein niemals den großen Erfolg bringen, ein Mißerfolg ist aber auch nicht schlimm. Beharrlichkeit ist alles: Am Ball bleiben. Typisch ist dies für folgende Branchen und Bereiche: Direktvertriebsorganisationen, Immobilien, Computerunternehmen, Autohändler, Fast-Food-Unternehmen und für Teile des Einzelhandels. Da das Feedback sofort kommt, macht die Arbeit viel Spaß, wenn es läuft. Spaß gibt es aber auch durch jede Art von Spielen: Es werden viele fröhliche Feste gefeiert und es gibt häufig Auszeichnungen und Preise wie "salesman of the year".

Die Außenorientierung steht im Vordergrund nach dem Motto, die Umwelt ist voller Möglichkeiten, du mußt sie nur nutzen! Oder anders gesagt: Finde ein Bedürfnis und befriedige es! Dieses Denken ist für viele Mitarbeiter in Verkaufs- und Produktentwicklungsabteilungen maßgeblich. Zu ihrer Außenorientierung paßt, daß sie Wert auf freundliches und ansprechendes Auftreten legen. Im unternehmensinternen Verkehr steht die unkomplizierte Zusammenarbeit im Team an erster Stelle. Aktiv sein ist das wichtigste - selbst wenn es eigentlich gar nichts zu tun gibt. Muße und Nachdenken gelten als verdächtig, Oberflächlichkeit ist in Ordnung. Die firmeninternen Geschichten drehen sich hauptsächlich um tatsächliche oder vermeintliche schwierige Kunden. Wer es schafft, an Eskimos Kühlschränke zu verkaufen, gilt als Held. Die interne Firmensprache ist knapp, sportlich und witzig.

5.3. Kultur der Absicherung

Fehlentscheidungen stellen in vielen Firmen eine existentielle Bedrohung dar. Alles ist darauf ausgerichtet, die richtige Entscheidung zu treffen. Gerade wenn die Reaktion der Umwelt erst in ferner Zukunft erfolgt, besteht ein großes und beständiges Risiko. Bestimmte Unternehmen - bzw. ihre Stabsabteilungen sowie Forschungs- und Entwicklungsabteilungen - versuchen daher, dieses durch Analysen und langfristige Prognosen einigermaßen in den Griff zu bekommen. Notwendigerweise vertraut man auf die Exaktheit wissenschaftlich-technischer Rationalität. Kühle Rechner und klare Analytiker handeln gemessen und wohlüberlegt. Ihre hochwertigen Erfindungen und wissenschaftlichen Pionierleistungen sichern langfristig überragende Erfolge. Typische Branchen hierfür sind: Investitionsgüterhersteller, Bergbaugesellschaften, Ölfirmen, Architekturbüros, die Flugzeugindustrie, teilweise Banken und Versicherungen.

Wie geht man dort miteinander um? Generell ist der Umgangston höflich, achtsam und respektvoll. Der ideale Mitarbeiter hat eine gesetzte reife Persönlichkeit. Hektik und oberflächliche Quirligkeit sind unerwünscht. Dies spiegelt sich auch in den Konferenzen, einem Hauptritual dieser Kultur wider. Dort wird an der Sitz- und Redeordnung deutlich, welche Hierarchiestufe die wichtigen Entscheidungen trifft. Auch in den Sitzungen ist die Zeitperspektive langfristig, alles will gut und sorgfältig überlegt sein.

Als Helden gelten Leute, die mit unerschütterlicher Zähigkeit eine große Idee verfolgen, notfalls auch dann, wenn die Firmenleitung sie längst aufgegeben hat. Sind sie erfolgreich, so wird ihre Kompetenz und Autorität langfristig honoriert. Als Senioren protegieren sie dann Neulinge, deren lange und schrittweise Karriere sie zwar nicht verkürzen, aber ebnen können. Kleidung und Sprache sind korrekt und unauffällig. Das Zeigen von Emotionen, z.B. Angst vor dem enormen Risikodruck, ist streng verpönt. Jeder kennt diese Kultur, denn sie prägt z.B. das Verhalten in militärischen und politischen Entscheidungsgremien. Daneben dominiert sie - im privaten Bereich - den Erziehungsstil typischer Mittelschichtsfamilien, aus denen sich dann wieder "gut passende" Manager konservativ-seriöser Orientierung rekrutieren lassen.

5.4. Kultur bürokratischer Verfahren

Die Ergebnisorientierung der bisher besprochenen Kulturen gilt nicht für alle Organisationen gleichermaßen. In der "Kultur bürokratischer Verfahren" konzentriert sich alles auf den Prozeß, das Gesamtziel spielt eine untergeordnete Rolle. Die Risiken sind gering oder überschaubar, die Reaktion der Umwelt hängt nur sehr bedingt vom eigenen Handeln ab. Deshalb rückt der Arbeitsprozeß in den Mittelpunkt der Aufmerksamkeit. Je perfekter und fehlerfreier er ist, um so zufriedener wird der Mitarbeiter. Um seinen persönlichen Arbeitseinsatz zu dokumentieren, legt jeder Wert auf Aktennotizen, Berichte und neuerdings auf E-Mails. Extreme Ausprägungen finden sich in Subkulturen von Buchhaltern, internen Rechnungsprüfern und teilweise im akademischen Universitätsbetrieb.

Vorsicht und Absicherung sind sinnvolle Verhaltensweisen, um gewappnet zu sein, falls doch einmal ein negatives Feedback erfolgen sollte. Auch Ordentlichkeit, Pünktlichkeit und das Beachten von Detailerfordernissen dient dem reibungslosen Funktionieren des Gesamtprozesses. Grundsätzliche Werte sind Berechenbarkeit und technische Perfektion.

In dieser Kultur sind die Mitarbeiter besonders geschätzt, die die Integrität des Systems über ihre eigene stellen. Helden sind Leute, die selbst dann noch fehlerfrei arbeiten, wenn die Umstände äußerst widrig sind, etwa nach Schicksalsschlägen oder nach ungerechtfertigter Behandlung durch die Geschäftsleitung. Die hierarchische Ordnung ist wohldurchdacht und regelt das Zusammenleben. Durch sie sind nicht nur das Gehalt, der Kreis der Kontakte, die Umgangsformen und die Kleidung geregelt. Wesentlich sind die Privilegien, die als Statussymbol umgesetzt werden können: Büroausstattung und -größe, Türschild, Mitgliedschaft in wichtigen Gremien. Typischerweise findet sich die Kultur in Versorgungsbetrieben, Behörden, der Pharmaindustrie, in einigen Banken und Versicherungen.

Da Beförderungen eine große Rolle spielen, sind sie ein beliebtes Gesprächsthema. Dies kann in negativer Form zu häufigen Gerüchten und Intrigen führen. Feste und Feiern spielen eine untergeordnete Rolle mit Ausnahme von Jubiläen, die in der Unternehmung langjährige Treue der Mitarbeiter und Kontinuität der Leistungserstellung widerspiegeln.

6. Ergebnisse

Der Kulturdschungel wurde von den Workshopteilnehmern mit großem Interesse durchwandert. Die Einzelergebnisse der Selbstanalysen differierten stark, wobei eine Häufung beim Kulturtyp "Arbeit-und-Spaß" feststellbar war. In der hausinternen Mitarbeiterbefragung des veranstaltenden Unternehmens war die entsprechende Aussage ("Es macht Spaß, besondere Leistungen zu erbringen, selbst wenn dies Anspannung und Streß bedeutet") auch dementsprechend hoch bewertet worden. Unterrepräsentiert blieb nach unserem Eindruck die sogenannte Macho-Kultur. Verständlich, wenn man bedenkt, daß in solch einer halb-öffentlichen Befragungssituation die Tendenz besteht, sich an den zu erwartenden Standards zu orientieren; verständlich auch, da vor allem Versicherungskaufleute zusammengekommen waren. Doch auch bei diesen gibt es subkulturelle Spezifika: Der Innendienst ist oft verfahrensorientierter als der Außendienst, der Bereich Lebensversicherung "machohafter" als der Bereich Sachversicherung.

Soweit es die etwas beengten Raummöglichkeiten des Dschungelpfades zuließen, kam es unter den Teilnehmern zu spontanen Diskussionen über ihre spezifischen Wahrnehmungen und Weltbilder. Es wurde allen offensichtlich, daß es keine "one best culture of each situation" gibt und geben kann. Das Ziel der Bewußtmachung von Kulturvielfalt war damit erreicht. Wie läßt sich die Vielfalt aber wieder auf einen gemeinsamen Nenner bringen?

"Die Grenzen meiner Sprache bedeuten die Grenzen meiner Welt" formulierte einst der Philosoph Wittgenstein. Entsprechend wichtig war es, daß die Weltsichten im Workshop integriert wurden, indem die Begrifflichkeiten geklärt und alle Aspekte von Unternehmenskultur in klare Bilder der Unternehmenspraxis übersetzt wurden. In der folgenden Phase galt es also, die unterschiedlichen Erfahrungen und divergierenden Selbsteinschätzungen zu bündeln. Drei Arbeitsgruppen waren dafür vorgegeben, in denen kulturelle Alltagserfahrungen musterübergreifend bzw. typunabhängig besprochen werden sollten: AG Gewinnorientierung, AG Kundenorientierung, AG Mitarbeiterorientierung. Die Gruppen erarbeiteten an Metaplan-Stellwänden Merkmale, die den drei Ausrichtungen entsprechen sollten. Das Ziel war es, auf spielerische Art einen Transfer zur Diskussion konkreter Unternehmenspolitik herzustellen.

7. Spielerischer Transfer mittels Symbolen

Die Arbeitsgruppe *Gewinnorientierung* symbolisierte ihre Sichtweise, indem sie einen Geldsack auf die Metaplanwand malte, den es nun galt, begrifflich zu füllen. In der Diskussion problematisierte sie den Terminus "Gewinn" und ersetzte ihn letztlich durch "Leistung". Intensiv forschte sie nach Hintergründen, Motiven und Sekundärphänomenen von Leistung. Ist für die Kultur ausschlaggebend primär die Organisationsstruktur oder die Strategie? Ist es die Motivation? Zählt als Gewinn nicht überhaupt allein das Wohl des Mitarbeiters?

Klar wurde allen, daß der Unternehmenserfolg nicht mit dem individuellen oder gesellschaftlichen Gewinn aus der wirtschaftlichen Tätigkeit gleichzusetzen ist. Ob nun aber z.B. starke Eigeninteressen am Wohl und Gedeih des Unternehmens individuelle Kapitalbeteiligungen im Sinne von Identifikation ratsam erscheinen lassen, blieb umstritten. Die Partikularinteressen der verschiedenen Gruppen in privatwirtschaftlichen Organisationen sind eben oft nicht mit der Unternehmerzielsetzung identisch.

In der Arbeitsgruppe *Kundenorientierung* wurde versucht, von vornherein nach Ausdrucksformen, Werten und Basisannahmen zu differenzieren. Die symbolische Wolke der Ausdruckformen muß man sich vorstellen wie den riesenhaften Umriß eines Flaschengeistes. Die Werte und Basisannahmen sitzen diesem Bild entsprechend konzentriert in der Flasche, der Geist plustert sich enorm auf, sobald der Korken gezogen ist:

"Allzeit bereit", "sich in den Kunden hineinversetzen", "Flexibilität", "dem Kunden zuhören", "Marktforschung", "interne und externe Servicequalität", "Geduld" etc. Derartige Schlagworte im Sinn von Kulturrezepten gibt es genug. Als eigentliche Werte wurden dagegen u.a. "Erfolgswillen", "Freude am Erfolg" und "Partnerschaft" ausgemacht. Es zeigte sich, wie schwierig es war, innerhalb der kurzen Erarbeitungszeit Kriterien zu entwickeln, nach denen eindeutig zwischen Werten und Ausdrucksformen unterschieden werden konnte. Für den Außenstehenden blieb aus der Diskussion der Eindruck zurück, daß hier von einzelnen Teilnehmern „um den heißen Brei herumgeredet" wurde. Die Mitarbeiter hatten es bei ihrer Befragung zur Service-Orientierung auf den Punkt gebracht: "Im Vergleich zu Wettbewerbern sind wir sehr langsam, sogar bürokratisch und auch unflexibel."

Mitarbeiterorientierung beinhaltet die Metapher des "Wir sitzen alle in einem Boot". Stimmt das für ein Großunternehmen? Paßt dieses Bild nicht vielmehr für das Inselsyndrom einzelner Abteilungen? Resultiert daraus nicht die Mitarbeitereinschätzung "Vorwärts zu wollen und durch Arbeit aufsteigen zu wollen, wird hier bei uns mißtrauisch beobachtet"? Für die AG-Teilnehmer war nicht das Boot, also die Struktur, sondern das zwischenmenschliche Klima entscheidend. "Offenheit" war das meistgenannte Merkmal; Offenheit und Ehrlichkeit, die mit einer hohen Streitkultur gepaart sind. Aber die Konkretisierung dieser hehren Ansprüche wurde kontrovers diskutiert. Während für die einen echter Teamgeist nicht ohne eine Abflachung der Hierarchie denkbar ist, suchen die anderen mehr Klarheit in der Differenzierung der Funktionsträger. "Führungskräfte leben vor" setzt voraus, daß eine Entwicklung der Potentiale in unterschiedliche Richtungen möglich ist. Die gemeinsame, soziale Kompetenz hilft dann auch das Dilemma verschiedener Zielorientierungen zu lösen.

Bei der Präsentation der Arbeitsgruppenergebnisse zeigte sich, daß bei den Kulturtypen verschiedene Orientierungen vorherrschen können: In den Kulturen A und C (Machokultur und Kultur der Absicherung) finden sich meist Rituale mit Gewinnmotiv, in den Kulturen B und D (Kultur mittels Arbeit und Spaß sowie Kultur bürokratischer Verfahren) finden sich viele mitarbeiterbezogene Rituale. Bei A und B knüpfen Rituale am Kontakt mit Kunden an, bei C und D herrschen Rituale der - wie auch immer gearteten - *Traditionsorientierung* (Symbol: Paragraphen) vor.

	(A) **Macho-Kultur** gewinn- und kundenorientiert	(C) **Kultur der Absicherung** gewinn- und traditionsorientiert
Symbol *Geldsack*		
Symbol *Ruderboot*	(B) **Kultur mittels Arbeit und Spaß** kunden- und mitarbeiterorientiert	(D) **Kultur bürokratischer Verfahren** mitarbeiter- und traditionsorientiert
	Symbol *Flaschengeist*	Symbol *Paragraphen*

Abb. 17:   Tableau Exemplarische Bezüge

Wichtig erscheint es uns, den instrumentellen und spielerischen Umgang mit Typologien und Symbolen hervorzuheben. Es geht nicht um ein hieb- und stichfestes Analyseergebnis, das es aus konstruktivistischer Sicht sowieso nicht geben kann. Vielmehr gilt es, das Wirklichkeitsmaterial zu sichten und aus alten Puzzelbestandteilen neue Sichtweisen zusammenzusetzen. Dabei entstehen Fragen, die an das Publikum zurückgegeben werden können: Ist die beste Mitarbeiterführung nicht eine, die sich selbst überflüssig macht? Sollte in einer offenen Kultur wirklich jeder wissen, was der andere verdient? Sind erfolgreiche Kundenbindung und kurzfristiges Gewinnstreben wirklich vereinbar? usw.

Zurück zu unserem Workshop:
Hier bewegte sich die Diskussion zwischen Kulturfragen im engeren Sinn (Corporate Identity) und generellen Themen der Unternehmensführung. Funktioniert das "Management by Culture" oder droht nicht umgekehrt Kulturzerstörung durch Bombenwurfstrategien des Vorstands? Derartige Gedanken wurden weit über das beabsich-

tigte Ende hinaus ausgetauscht. Das Bedürfnis, die persönliche Situation durch die Kulturbrille anzusehen und sich darüber auszutauschen, wuchs, je später der Abend wurde. Dem kam entgegen, daß nach dem Motto von Schein "Der Kultur die Bedeutung, die ihr zusteht" zum zwanglosen Teil der Veranstaltung übergeleitet wurde: Kellerbar, kaltes Buffet und Stehausschank. Zwischen Bier und Aufschnitt wurde teilweise heftig mit Argumenten und Anekdoten weitergefochten - wie man das eben so macht, wenn man im Dschungel war ...

8. Fazit

Unternehmenskulturen verkrusten in Form verfestigter Deutungs- und Verhaltensmuster. Dies ist ein normaler Vorgang, der oft erst in Zeiten wirtschaftlicher Rezession schmerzlich bewußt wird. Statt dann zu sanieren und damit die Loyalität engagierter Mitarbeiter aufs Spiel zu setzen[6], empfiehlt sich ein frühzeitiger spielerischer Umgang mit der eigenen Kultur.

Ihre Thematisierung birgt Brisanz, da sie potentiell Besitzstände und Gewohnheiten in Frage stellt. Die Ergebnisse des Workshops zeigen aber, daß eine große Bereitschaft besteht, sich dem Thema positiv zu stellen, vorausgesetzt, jede Stigmatisierung kultureller Eigenarten wird vermieden. Es geht nicht darum, Paradoxien aufzuheben und starke Mainstreamkulturen aufzubauen. Das Bestehen vielfältiger Kulturaspekte gilt es zu respektieren, um in einem zweiten Schritt mit ihnen zu arbeiten. Beispielsweise muß der Balanceakt täglich neu gelingen, Macht abzugeben (empowerment) und Mitarbeiter klar zu führen (leadership)[7].

Wer sich diesen Konflikten stellt, für den bleiben Druck und Frustration nicht aus. Gerade da bewährt sich das Instrumentarium eines erlebnisorientierten Zugangs, bei dem es nicht darum geht, widerstrebende Kräfte zu unterjochen und Dilemmata aus der Welt zu schaffen. Vielmehr werden sie benutzt, um daraus einen neuen, besseren Weg zu gehen.

Kulturkonflikte stimulieren innovative Lösungen; der Dschungel im Kulturworkshop kann die Basis zukünftiger Erfolge sein.

Anmerkungen

1 Mit Morgan (1993) wenden wir uns gegen eine enge und statische Kausalitätsbetrachtung und plädieren für die kreative Sichtweise des "Telling our Story".
2 Vgl. zum Zusammenhang zwischen Normen und Kommunikation Hahne (1996).
3 Im deutschsprachigen Raum wurden Unternehmenskulturtypologien u.a. bekannt durch Heinen (1987), Neuberger/Kompa (1987) und Dülfer (1991). Die Aussagen des "Kulturdschungels" orientieren sich primär an den Quellen Deal/Kennedy (1987) und Steinmann/Schreyögg (1996).
4 Diese Typologie beruht auf Analysen der amerikanischen Unternehmensberater Terrence Deal und Allan Kennedy. Die Autoren ordnen die vier Typen (im amerikanischen Original heißen sie: "tough-guy/macho", "work-hard/play-hard", "bet-your-company" und "process") nach zwei Situationsmerkmalen: Dauer des Feedbacks und Höhe des Risikos.
5 Vgl. dazu auch das einleitende Kapitel von Bruer in Deal/Kennedy (1987)
6 Vgl. Wever (1996).
7 Untersuchungen erfolgreicher Unternehmen belegen, daß es kein Erfolgsrezept direkter Intervention gibt. Widersprüchliche Ziele müssen verfolgt, Ambiguitäten ertragen werden. Paradoxe Prinzipien gelten laut Price Waterhouse (1996) als Schlüssel zukünftigen Erfolgs.

Literaturverzeichnis

Deal, T./Kennedy, A. (1987): Corporate Cultures - the Rites and Rituals of Corporate Life, Reading/Mass. Dt.: Unternehmenserfolg durch Unternehmenskultur (hrsg. v. A. Bruer), Bonn-Bad Godesberg.
Dülfer, E. (Hrsg., 1991): Organisationskultur: Phänomen, Philosophie, Technologie, 2. Auflage, Stuttgart.
Hahne, A. (1996): Kommunikation in der Organisation. Ein kritischer Überblick zu theoretischen Grundlagen und interdisziplinären Ansätzen der Analyse und Gestaltung innerbetrieblicher Gespräche, Hamburg (Druck in Vorbereitung).
Heinen, E./et al. (1987): Unternehmenskultur. Perspektiven für Wissenschaft und Praxis, München/Wien.
Hofbauer, W. (1991): Organisationskultur und Unternehmensstrategie. Eine systemtheoretisch-kybernetische Analyse, München/Mering.
Hofstede, G.(1991): Cultures and Organizations. Software of the Mind, London u.a.
Küpper, W./Ortmann, G. (Hrsg., 1992): Mikropolitik. Rationalität, Macht und Spiele in Organisationen, 2. Auflage, Opladen.
Morgan, G.(1993): Imaginization. The Art of Creative Management, Newbury Park, Ca. u.a.
Neuberger, O./Kompa, W.(1987): Wir, die Firma, Weinheim/Basel.
Price Waterhouse Change Integration Team (1996): The Paradox Principles. How high-performance Companies manage Chaos, Complexity, and Contradiction to achieve superior Results, Chicago, London, Singapore.
Schein, E.H. (1985): Organizational culture and leadership, San Francisco.
Steinmann, H./Schreyögg, G. (1996): Management. Grundlagen der Unternehmensführung, 3. Auflage, Wiesbaden.
Wever, U.A. (1996): Die Leiden der Leitenden. Wie Unternehmen die Loyalität ihrer Engagierten aufs Spiel setzen, in: Personalführung, 29. Jg., Heft 3/1996, S. 214-219.

SzU – Grundsätze und Ziele

Die Schriften zur Unternehmensführung (SzU) sind eine Fortsetzungsreihe thematisch jeweils in sich geschlossener Bände.

Die SzU verfolgen das Ziel, den Leser mit dem **neuesten Stand der betriebswirtschaftlichen Forschung und Praxis,** jeweils bezogen auf ein bestimmtes Gebiet der Unternehmensführung, vertraut zu machen. Weiterhin soll gezeigt werden, wie diese Erkenntnisse zur **Lösung praktischer Probleme** herangezogen und nutzbar gemacht werden können. Jeder Band dieser Reihe ist dem Grundsatz der **Verbindung von Wissenschaft und Praxis,** von wissenschaftlicher Forschung und praktischer Anwendung verpflichtet.

Entsprechend dieser Grundsätze kommen in jedem Band Hochschullehrer **und Praktiker** zu Wort, die sich mit dem jeweiligen Themengebiet – forschend oder in der Unternehmenspraxis – intensiv auseinandergesetzt haben.

Die SzU richten sich an **Praktiker in Unternehmensführung und Management,** die sich über aktuelle Schwerpunktthemen umfassend und kompetent informieren lassen wollen, sowie an **Dozenten und Studenten** der Betriebswirtschaftslehre.

Jeder Band der SzU enthält:

- „State-of-the-Art"-Aufsätze über Entwicklung und Stand der Betriebswirtschaftslehre in dem jeweiligen Teilgebiet sowie

- Schilderungen von Praxisproblemen und Berichte über den Einsatz wissenschaftlicher Instrumente und Konzepte zu deren Lösung.

Die Schriftenreihe wurde 1967 von Herbert Jacob begründet und wird heute gemeinsam von Hochschullehrern und in der Unternehmensführung tätigen Praktikern herausgegeben.

Gründungsherausgeber
Prof. Dr. Dr. h.c. Herbert Jacob begründete im Jahre 1967 die „Schriften zur Unternehmensführung" (SzU). Er ist Professor der Betriebswirtschaftslehre und Direktor des Seminars für Industriebetriebslehre und Organisation an der Universität Hamburg. Seine Hauptarbeitsgebiete sind die Theorie der Unternehmung, Strategische Unternehmensplanung, Entscheidungen bei Unsicherheit und Probleme der Arbeitslosigkeit.

Herausgeber

Prof. Dr. Dietrich Adam ist Professor der Betriebswirtschaftslehre an der Westfälischen Wilhelms-Universität in Münster. Schwerpunkte seiner wissenschaftlichen Arbeit sind Industriebetriebslehre, insbesondere Kostenpolitik, Fertigungssteuerung und ökologische Aspekte der Produktion, sowie Krankenhausbetriebslehre.

Dr. Johann Friederichs ist Managementberater und Hochschuldozent. Schwerpunkte seiner Arbeit sind Internationales Management, unternehmensweites Informationsmanagement und die Gestaltung internationaler Geschäftsprozesse mit Unterstützung der Informatik.

Prof. Dr. Wolfgang Hilke ist Professor für Betriebswirtschaftslehre an der Universität Freiburg i. Brsg. Seine Hauptarbeitsgebiete sind Marketing, insbesondere Dienstleistungs-Marketing, Rechnungswesen, insbesondere Bilanzpolitik und Bilanzanalyse, sowie Finanzierung und Investition.

Dr. Otto Gellert ist selbständiger Wirtschaftsprüfer und Steuerberater, vornehmlich beratend im In- und Ausland tätig. Er ist Lehrbeauftragter an der Universität Hamburg mit dem Schwerpunkt: Sondergebiete der Unternehmensführung (Kauf von Unternehmen, Fusion und Umwandlung, Sanierung, Geschäftsbericht, Organe der AG).

Prof. Dr. Karl-Werner Hansmann ist Professor der Betriebswirtschaftslehre und Direktor des Seminars für Industriebetriebslehre und Organisation der Universität Hamburg. Seine Hauptarbeitsgebiete sind Produktionsplanung und -steuerung sowie Prognosemethoden für die Unternehmenspraxis.

Prof. Dr. Eberhard Scheffler ist Mitglied des Vorstandes der BATIG Gesellschaft für Beteiligungen mbH und stellvertretender Vorstandsvorsitzender der B.A.T. Cigarettenfabriken GmbH. Er ist Honorar-Professor an der Universität Hamburg. Schwerpunkte seiner wissenschaftlichen Arbeit sind die Gebiete Unternehmensführung, Controlling und Rechnungslegung.

Dr. Jürgen Krumnow ist Mitglied des Vorstandes der Deutsche Bank AG mit Verantwortung für Norddeutschland, Skandinavien und Afrika und die Bereiche Controlling und Steuern. Schwerpunkte seiner wissenschaftlichen Tätigkeit sind internationale Harmonisierung der Rechnungslegung und Bankenaufsicht sowie Instrumente für das Ressourcen- und Risiko-Controlling.

Prof. Dr. Dieter B. Preßmar ist Professor der Betriebswirtschaftslehre und Leiter des Arbeitsbereiches Betriebswirtschaftliche Datenverarbeitung der Universität Hamburg. Seine Arbeitsgebiete umfassen Computergestützte Planung, Informationsmanagement, Softwaretechnologie und Rechnernetze.

Prof. Dr. August-Wilhelm Scheer ist Direktor des Instituts für Wirtschaftsinformatik an der Universität des Saarlandes sowie Hauptgesellschafter des Software- und Beratungshauses IDS Prof. Scheer GmbH in Saarbrücken. Seine Hauptarbeitsgebiete sind computergestützte Informationssysteme und Konzeptionen einer EDV-orientierten Betriebswirtschaftslehre.

Autoren

Dr. Manfred Schmidt
Vorsitzender des
Vorstandes der
Philips GmbH,
Hamburg

Dr. Kai-Ingo Voigt
Wissenschaftlicher
Assistent am Institut für
für Industriebetriebslehre
und Organisation, Arbeits-
bereich Industrielles
Management, der
Universität Hamburg

Dipl.-Kfm. Bernd Wrede
Vorsitzender des
Vorstandes der
Hapag-Lloyd AG,
Hamburg

Prof. Dr. Willi Küpper
Inhaber des Lehrstuhls
für Personalwirtschafts-
lehre an der Universität
Hamburg

Dr. Klaus Mentzel
Vorstand Produktion
und Logistik der
Reemtsma Cigaretten-
fabriken GmbH,
Hamburg

Dr. Anton Hahne
Selbständiger Berater
und Trainer in der
Personal- und
Organisations-
entwicklung,
Hamburg

Georg Schreyögg

Organisation
Grundlagen moderner Organisationsgestaltung
Mit Fallstudien

1996, XII, 602 Seiten Broschur, DM 68,–
ISBN 3-409-17729-9

Mit „Organisation" legt Georg Schreyögg ein neues und modernes Lehrbuch zur Organisationslehre vor. Im Mittelpunkt stehen die Grundprobleme der organisatorischen Gestaltung:

- Aufgabenstrukturierung,
- Integration von Individuum und Organisation,
- Interaktion von Organisation und Umwelt,
- Emergente Phänomene in Organisationen,
- Organisatorischer Wandel.

Didaktisch gekonnt aufbereitet stellt Georg Schreyögg Konzepte und Methoden zum Verständnis der Probleme der Organisationsgestaltung und zur Entwicklung fundierter Lösungen vor.

Zahlreiche Beispiele und Fallstudien illustrieren die Ansätze und regen zur praktischen Anwendung des theoretischen Wissens an. Mit Hilfe von Fragen zur Selbstkontrolle kann am Schluß jedes Kapitels der eigene Lernerfolg überprüft werden.

„Organisation" richtet sich an Studierende der Wirtschafts- und Sozialwissenschaften, die einen fundierten Überblick über Grundzüge der Organisationsgestaltung erwerben wollen. Praktikern liefert es wertvolle Hilfestellungen bei der Lösung konkreter Gestaltungsprobleme.

Betriebswirtschaftlicher Verlag Dr. Th. Gabler GmbH,
Abraham-Lincoln-Str. 46, 65189 Wiesbaden

Arnold Picot / Ralf Reichwald / Rolf T. Wigand

Die grenzenlose Unternehmung
Information, Organisation und Management
Lehrbuch zur Unternehmensführung im Informationszeitalter

2., aktualisierte Auflage 1996, XXI, 561 Seiten, Broschur DM 68,–
ISBN 3-409-22214-6

Tiefgreifende Veränderungen in Unternehmen, auf den Märkten, in der Arbeitswelt und der Gesellschaft sowie die Gestaltungspotentiale der neuen Informations- und Kommunikationstechnik fordern eine Neuorientierung des Managements. Vor diesem Hintergrund entwickeln Picot/Reichwald/Wigand eine neue Unternehmensführungslehre im Zeitalter der Informationsgesellschaft.

„Die grenzenlose Unternehmung" erschließt dem Leser:

- die Bedeutung der Information in Marktdynamik und Wettbewerb,
- Grundmodelle der Information und Kommunikation,
- Potentiale der Informations- und Kommunikationstechnik für die Unternehmensentwicklung im Markt,
- die Modularisierung der Unternehmung,
- Symbiosen und Netzwerke durch Auflösung von Unternehmensgrenzen,
- elektronische Märkte,
- Überwindung von Standortgrenzen und Telekooperation,
- die neue Rolle des Faktors Mensch.

Neben der systematischen Darstellung der relevanten theoretischen Grundlagen werden praxisbezogene Handlungsoptionen aufgezeigt. Anhand eines Überblicks über wichtige Trends in der Informations- und Kommunikationstechnik wird die Welt von Organisation, Information und Management mit aktuellen technischen Entwicklungen verknüpft.

„Die grenzenlose Unternehmung" ist auf großes Interesse in der Fachwelt gestoßen und hat teilweise lebhafte Diskussionen ausgelöst. Eine 2. Auflage war bereits nach wenigen Monaten erforderlich, in der die Autoren einzelne Aktualisierungen und Ergänzungen vorgenommen haben.

Betriebswirtschaftlicher Verlag Dr. Th. Gabler GmbH,
Abraham-Lincoln-Str. 46, 65189 Wiesbaden

Schriften zur Unternehmensführung

Weitere lieferbare Bände (Auswahl):

Band 47
Direkt-Marketing
1993 – ISBN 3-409-17915-1

Band 49
Informationsmanagement
1993 – ISBN 3-409-17918-6

Band 50/51
Marktorientiertes Umweltmanagement
1994 – ISBN 3-409-17920-8

Band 52
Dienstleistungsproduktion
1994 – ISBN 3-409-17919-4

Band 54
Total Quality Management I
1995 – ISBN 3-409-17923-2

Band 55
Total Quality Management II
1995 – ISBN 3-409-17926-7

Band 56
Corporate Governance
1995 – ISBN 3-409-17924-0

Band 57
Innovative Verwaltungen 200
1996 – ISBN 3-409-17930-5

Band 58
Risikosteuerung von Derivate
1996 – ISBN 3-409-17932-1

Band 59
Krankenhausmanagement
1996 – ISBN 3-409-13595-2

If you have any concerns about our products,
you can contact us on
ProductSafety@springernature.com

In case Publisher is established outside the EU,
the EU authorized representative is:
**Springer Nature Customer Service Center GmbH
Europaplatz 3, 69115 Heidelberg, Germany**

Printed by Libri Plureos GmbH
in Hamburg, Germany